TEXTE DER HETHITER

Herausgegeben von A. Kammenhuber

Heft 13

DAISUKE YOSHIDA

Die Syntax des althethitischen substantivischen Genitivs

HEIDELBERG 1987

CARL WINTER · UNIVERSITÄTSVERLAG

CIP-Kurztitelaufnahme der Deutschen Bibliothek

Yoshida, Daisuke:

Die Syntax des althethitischen substantivischen Genitivs / Daisuke Yoshida. - Heidelberg: Winter, 1987

(Texte der Hethiter; H. 13)

ISBN 3-533-03948-X kart.
ISBN 3-533-03949-8 Gewebe

NE: GT

ISBN 3-533-03948-X kart.
ISBN 3-533-03949-8 Ln.

Imprimé en Allemagne. Printed in Germany
Reproduktion und Druck: Carl Winter Universitätsverlag, Abteilung Druckerei, Heidelberg

I N H A L T

Seit

EINLEITUNG

Im Hethitischen stellt der Genitiv einen der beliebtesten Kasus dar. Mit dessen Gebrauchsweise verhält es sich aber etwas anders als sonst im Indogermanischen. Dem Hethitischen fehlt der adverbale Gebrauch des Genitivs (Ergänzung eines Verbums) völlig, während das dagegen oft in den übrigen indogermanischen Sprachen der Fall ist (s. Delbrück, Grdr^2 III.1 S. 308 ff.). Das Hethitische kennt also den adnominalen Gebrauch des Genitivs, der dazu dient, ein Nomen zu einem anderen in Beziehung zu setzen, und den prädikativen Gebrauch beim Nominalsatz (mit oder ohne das verbum substantivum eš-/aš- "sein".)

Bis heute gibt es einige bemerkenswerte Vorarbeiten zum hethitischen Genitiv[1], aber es liegt keine genauere Einzeluntersuchung dieses Kasus vor, die den ganzen Bedeutungsumfang erfaßt.

Die vorliegende Arbeit setzt sich nun zum Ziel, den substantivischen Genitiv des Althethitischen nach seinen Gebrauchsweisen und Funktionen zu klassifizieren und dessen syntaktische und semantische Aspekte zu beschreiben. Dabei beschränkt sie sich auf die Genitivkonstruktionen, die aus zwei (oder selten mehreren) Substantiven bestehen. So werden die Genitive von Pronomina, Adjektiven, Partizipien und Verbalsubstantiven, die zum Teil eine ganz andere Funktion als der substantivische Genitiv haben und

1) Hier sind vor allem zu nennen: Friedrich, HE I^2 §§ 209 - 213; Kammenhuber, HbOr S. 201 - 204.

daher gesondert behandelt werden müssen, ebenso hier ausgeklammert wie die Genitive mit Postpositionen (appa, kattan, piran usw.). Ferner bleibt der genitivus subjectivus und objectivus auch unberücksichtigt, weil sie auf das Nominativ-Subjekt und Akkusativ-Objekt im verbalen Syntagma zurückzuführen und ihre Beziehungen mit dem übergeordneten Wort (Regens) nicht als rein substantivisch zu bezeichnen sind.[2)]

In der vorliegenden Arbeit wird zunächst der sogenannte freischwebende Genitiv besprochen, den man gewöhnlich als hethitische Neuerung betrachtet. Danach folgen die Genitive, die das Besitz- oder Zugehörigkeitsverhältnis von Personen oder Dingen bezeichnen (Kap. II bis V), und dann die, die den stofflichen Inhalt des übergeordneten Wortes bestimmen (Kap. VI bis IX). Die Aussagen über jeden Genitivtyp sind, soweit das nötig ist, am Ende des einzelnen Kapitels kurz zusammengefaßt.

---

2) Innerhalb der Indogermanistik vertreten manche Forscher die Meinung, daß alle Anwendungsarten des adnominalen Genitivs von dem genitivus subjectivus und objectivus abgeleitet seien und ihre Funktion als "Ergebnis einer Transposition eines verbalen Syntagmas in ein nominales Syntagma" (Benveniste, Problèmes de linguistique générale - Probleme der allgemeinen Sprachwissenschaft [deutsche Übersetzung] S.168) definiert werden solle (s. auch Groot, Lingua 6 S. 8 ff.; Kuryłowicz, The inflectional categories of Indo-European S. 186 ff.; Fillmore, The Case for Case. Universals in Linguistic Theory S. 7 ff.). Beim heutigen Forschungsstand läßt diese interessante Annahme sich aber entwicklungsgeschichtlich schwer beweisen (vgl. Watkins, FsJakobson S. 2197 f.).

Es muß allerdings an dieser Stelle vorausgeschickt werden, daß die Grenzen der einzelnen Kategorien des adnominalen Genitivs zum Teil fließend sind, zumal es sich dabei hauptsächlich um den semantischen Unterschied der beteiligten Begriffe handelt. Ferner zwingt die Dürftigkeit der Belege des Althethitischen uns dazu, oft mit einer gewissen Unsicherheit (wie unter anderem dem Zufall der Überlieferung) zu rechnen.

Die vorliegende Arbeit basiert auf dem fast vollständigen Material des substantivischen Genitivs, das aus den althethitischen "Originaltexten"[3] und Abschriften stammt. Als Vergleichsstücke habe ich dabei einige ursprünglich althethitische und junghethitische Belege (mit Einschluß von frühjunghethitischen = mittelhethitischen Zeugnissen) aufgenommen. Auf die Behandlung von unvollständigen Belegstellen, wo das Regens wegen des schlechten Erhaltungszustandes der Tafel weggebrochen oder nicht sicher festzustellen ist, wird grundsätzlich verzichtet.

Die Transkriptionen der Keilschrifttexte erfolgen weitgehend nach Friedrich, HKL II.

Zum Schluß möchte ich mich bei Frau Professor A. Kammenhuber für die Überlassung des interessanten Themas und ihre hilfreichen Ratschläge, mit denen sie mir stets zur Seite stand, herzlich bedanken.

---

3) Für althethitische "Originaltexte", s. Indices.

I. FREISCHWEBENDER GENITIV

I - O Diese höchst eigenartige Genitivart, die von Sommer "freischwebender Genitiv" genannt wird, ist seit der althethitischen Zeit relativ häufig belegt. Sie wird gebraucht in der Bedeutung "(der) des ..., (das) des ..." wie *tai̯azilaš* "(der) des Diebstahls = Dieb". Streng genommen handelt es sich dabei nicht um einen elliptischen Ausdruck, sondern um einen absoluten Gebrauch des Genitivs, von dem aus weitere Kasus als vereinzelte Hypostasen[1] gebildet werden können (Friedrich, HE I^2 § 212c; Kammenhuber, HbOr S. 203). Daher müssen die Fälle, wo ein vom Sinngehalt her unverkennbares Regens fehlt wie z.B. ^{GIŠ}*ḫarpama* 1*-anta* LUGAL*-aš* GÌR*-ši* *kitta* SAL.LUGAL*-ša* <GÌR*-ši*> 1*-anta* *kitta* StBoT 8 IV 28 f. hier ausgeklammert werden.

Die Entstehungsfrage des freischwebenden Genitivs bleibt noch ungewiß. In EHS S. 331 ff. vertritt Kronasser die Meinung, daß der freischwebende Genitiv unter akkadischem Einfluß, und zwar nach Analogie der Konstruktion: Determinativpronomen *ša* + Genitiv entstanden sei. Diese Annahme hat aber wegen des zwischen den beiden bestehenden inneren Unterschieds, auf den bereits Sommer mit Recht hingewiesen hat (HuH S. 82 f.), kaum Wahrscheinlichkeit (s. Kammenhuber, a.a.O. S. 203; Watkins,

---

1) Im Althethitischen läßt sich eindeutige Hypostase nur bei der Form *ḫaššanna-* <*ḫaššatar* "Familie, Sippe" (TelErl) erkennen (s. Kronasser EHS S. 336 f.). Bei der Form *dandukešnaš* als Subjekt des Satzes (TelErl IV 21/13') dürfte es sich um eine Hypostase *dandukešna-* <*dandukešnaš* DUMU "Kind der Vergänglichkeit = Menschen" handeln (s. Kammenhuber, MIO 2 S. 422[57]).

Indo-European and Indo-Europeans S. 351 f.[20]). Ebenfalls ist hattischer Spracheinfluß (Sommer, a.a.O. S. 82 f., 87) wahrscheinlich ausgeschlossen (s. Kammenhuber, KZ 76 S. 23[1]; a.a.O. S. 203). Also darf man wohl annehmen, daß der freischwebende Genitiv ohne fremdsprachigen Einfluß entstanden, d.h. als eigene Sprachentwicklung innerhalb des Hethitischen aufzufassen ist. In diesem Zusammenhang ist die Aussage von Rosenkranz - "es ist jedoch möglich, diese Bildungen als Ableitungen einzustufen, deren Nominativ als 'Attribut' in das bestehende Kasussystem eingegliedert wurde und so die Keimzelle zum 'Genitiv' abgab" (HuI S. 221) - durchaus erwägenswert (vgl. Lehmann, Proto-Indo-European Syntax S. 74 f.).

Im Althethitischen beschränkt der Gebrauch des freischwebenden Genitivs sich überwiegend auf juristische Begriffe (z.B. taịazilaš, ụaštulaš). Dies scheint mit der Tatsache übereinzustimmen, daß die Rechtssprache im Hethitischen "erst nach dem Ausscheiden aus dem Urindogermanischen ausgebildet" (Kammenhuber, HbOr S. 347) und anscheinend nicht genügend entwickelt worden ist (vgl. Kap. III - 2).

Syntaktisch kann der freischwebende Genitiv im Althethitischen zwei verschiedene Stellungen einnehmen, nämlich:

1. Akkusativobjekt beim transitiven Verb und
2. Prädikat beim Nominalsatz.

Dasselbe trifft im allgemeinen auch für das Junghethitische zu. Dieser syntaktischen Einteilung folgend, soll nun der tatsächliche Gebrauch des freischwebenden Genitivs näher ins Auge gefaßt werden. Für den freischwebenden Genitiv von Verbalsubstantiven[2)] und Partizipien lassen sich noch weitere Gebrauchsweisen nachweisen, die hier in der Untersuchung des Genitivs des Substantivs unberücksichtigt bleiben.

I - 1 Als Akkusativobjekt vom transitiven Verb

Die Einordnung der Belege erfolgt nach der alphabetischen Reihenfolge der Verben, mit denen der freischwebende Genitiv belegt ist. Soweit es nötig ist, werden einzelne Belege etwas eingehend erörtert.

ešša- (Durativ zu i̯a-)

1. ta ^{LÚ}ḫa-ap-pí-na-an-da-aš i-iš-te-e-ni
   "Ihr pflegt (das) des Reichen zu tun" KBo XXII 1 Rs. 27'.

i̯a-[3]

2. LUGAL-ša du-ud-du-mi-li kar-di-i̯a-aš-ša-aš / [i-e-iz-zi]
   "Der König [tut] heimlich (das) seines Herzens"
   HAB II 53 f.

---

2) Über den Gebrauch des Genitivs auf -u̯aš vom Verbalsubstantiv auf -u̯ar s. ausführlich Neu in GsKronasser S. 116-148. Für (junghethitisch) parallelen Gebrauch von -u̯aš mit den Infinitiven auf -u̯anzi (und -annaš mit den Infinitiven auf -anna) vgl. HW^{2} bei den Verben (z.B. aššanu-, au-/u-, ep(p)-/ap(p)-).

3) ša-a-ku-u̯a-aš-ši $\text{Á}^{\text{MUŠEN}}$-aš i-e-ir / $\text{KAxUD}^{\text{ḪI.A}}$-ma-aš-ši UR.MAḪ-aš i-e-ir "Die Augen machten sie ihm (zu denen) des Adlers. Die Zähne machten sie ihm aber (zu denen) des Löwen" KUB XXIX 1 II 53 f. - Hier liegt wohl eine Art von Ellipse vor: Vom Zusammenhang und der Wortstellung her beziehen die Genitive $\text{Á}^{\text{MUŠEN}}$-aš und UR.MAḪ-aš sich nicht direkt auf die davorstehenden šakuu̯a und $\text{KAxUD}^{\text{ḪI.A}}$.

   Vgl. $\text{KAxUD}^{\text{ḪI.A}}$-ŠU-u̯a ŠA UR.MAḪ ša-ku-u̯a-še-it-u̯a ḫar-ra-n[a- KBo XIII 122 + KUB XX 54 Rs. 8 [jh.] (Dupl.KUB LV 2 Rs. 4).

Die Konstruktion kardi(i̯)aš i̯i̯a- "(das) des Herzens tun = Herzenswunsch erfüllen" ist noch einmal im Illuyanka-Mythos KBo III 7 I 26 (ursprgl. aheth.) bezeugt:
[n]u-u̯a ú-u̯a-mi / kar-di-aš-ta-aš i-i̯a-mi "Ich werde kommen und (das) deines Herzens tun". Mit kardi(i̯)aš i̯i̯a- steht die Phrase ZI-aš (= ištanzanaš) i̯i̯a-/arnu-[4] "(das) der Seele tun/bringen" in Konkurrenz, die sich erst nach Suppiluliuma I. belegen läßt und deren Gebrauch im Junghethitischen den von kardi(i̯)aš i̯i̯a- eindeutig überwiegt, wenn nicht sogar verdrängt hat (s. Kammenhuber, ZA 56 S. 199 f.; s. auch HW² A S. 333a)[5].

Ferner kann eine ähnliche Bedeutungsnuance im Althethitischen auch durch Relativsatz (kuit kardi [Lok.]) mit ešša- ausgedrückt werden:

---

4) Im Junghethitischen ist der freischwebende Genitiv ZI-aš auch mit den Verben eš-/aš- und kiš- belegt. Mit dem Verb kiš- wirkt ZI-aš als Subjekt des Satzes, was wohl als Entsprechung im Passiv zu ZI-aš i̯i̯a- zu verstehen ist (Kammenhuber, ZA 56 S. 199). Ferner begegnet man der Kombination von ištanzanaš-šaš/ŠA ZI-ŠU, begleitet von [karata]š-šaš/ŠA ŠÀ!-ŠU, mit dem Verb ilalii̯a- "begehren" in KBo XXI 22 Vs. 14'-16' (zu Umschrift und Übersetzung s. Starke, ZA 69 S. 91; Puhvel, HED S. 356).

5) In dieser Entwicklung kann man vielleicht, wie Kammenhuber meinte (ZA 56 S. 200), "einen leichten Wandel in den Vorstellungen der Hethiter" sehen.

DUMU-la-ma-aš-ša-an [tu-el] / ku-it kar-di nu-za a-pa-a-at e-iš-ši[6)]

"Mein Sohn! tue das, was in [deinem] Herzen (ist)"

HAB III 62 f.

Es läßt sich aber nicht mit Sicherheit entscheiden, ob der Ausdruck kuit kardi "was im Herzen (ist)" semantisch genau dem kardi(i̯)aš "(das) des Herzens" entspricht oder ob zwischen den beiden Ausdrücken irgendein Bedeutungsunterschied vorliegt.

pai-

3. n[(u an-na-nu-u)m-m]a-aš / 6 GÍN KÙ.BABBAR pa-a-i

   "(Als das) des Ausbildens gibt er 6 Sekel Silber"

   HG § 200 b, KBo VI 26 (j) IV 29 f.

   (ergänzt nach KUB XIII 16 (m) 3')

4. ka-ru-ú d[(a-i̯a-zi-la-aš 1)] MA.NA KÙ.BABBAR pí-iš-kir

   "Früher pflegte man (als das) des Diebstahls 1 Mine Silber zu geben".

   HG § 94, A IV 41'' (ergänzt nach B IV 39 mit ta-i̯a-zi-la-aš)

5. ta-i̯a-zi-la-aš 6 GÍN KÙ.BABBAR pa-a-i

   "(Als das) des Diebstahls gibt er 6 Sekel Silber"

   HG § 95 A IV 44''.

6. uš-tu-la-aš 1 MA-NA KÙ.B[(ABBAR pa-a-i)]

   "(Als das) des Vergehens gibt er 1 Mine Silber"

   HG § 146 KUB XXIX 29 + 30 (q) II 10'.

   (ergänzt nach KBo VI 10 + 20 (a) III 20' mit u̯a-aš-túl-aš).

---

6) Übersetzung in Anlehnung an Kammenhuber. HuI S. 127, wo sie DUMU-la-ma-aš-ša-an als Vokativ (DUMU-la-ma=ššan) interpretiert hat (entgegen Sommer, HAB S. 186 f. DUMU-la(n)-ma(n)=šan [Genitiv auf -an]). Diese Interpretation gilt aber deshalb noch nicht als überzeugend, weil der Vokativ in diesem Falle im Prinzip DUMU-la-mi heißen sollte.

Alle Belege mit dem Verb pai- stammen aus den Gesetzen und weisen dieselbe stereotype Konstruktion - freischwebender Genitiv + x Silber + pai- auf.[7)] Funktionell entspricht diese Konstruktion der von doppeltem Akkusativ mit pai- wie z.B. LÚ-naš kuššan ITU 1 KAM 12 GÍN KÙBABBAR pai "Als Lohn eines Mannes für einen Monat gibt er 12 Sekel Silber" (HG § 24 A I 55'' = Beisp. II 1.a, 25). Für das fehlende Regens von d/taịazilaš und uštulaš (Beisp. I 4, 5, 6) könnte man šarnikzel "Schadenersatz (Ersatz, Sühne)" annehmen[8] und für das von

---

7) Einer ähnlichen Konstruktion begegnet man auch in HG § 186:
ŠA 2 GUD i-ú-ga-aš-ša-aš UZU-ŠU-NU [k]u-iš ụa-a-ši
1 UDU pa-a-i / 5 GUD ša-ú-i-ti-iš-ta-aš UZU[-ŠU-N]U
ku-iš ụa-a-ši 1 UDU pa-a-i / ŠA 10 UZU.AMAR 1 UDU pa-a-i
ŠA 10 [UZU.]UDU 1 UDU pa-a-i / ŠA 20 UZU.SILÁ 1 UDU pa-a-i
"Wer das Fleisch von zwei einjährigen Rindern kauft, gibt 1 Schaf. Wer das Fleisch von fünf säugenden Rindern, gibt 1 Schaf. Für das Fleisch von zehn Kälbern gibt er 1 Schaf. Für das Fleisch von 20 Lämmern gibt er 1 Schaf" KBo VI 26 (j) III 16-19
(Übersetzung im Anschluß an Friedrich, HG S. 83).
Die Kombination ŠA 10 UZU.AMAR / ŠA 10 UZU. UDU / ŠA 20 UZU.SILÁ 1 UDU pai liegt aber nicht auf derselben Ebene wie unsere Beispiele mit dem freischwebenden Genitiv, weil sie offenbar inhaltlich die Parallele mit dem ersten Teil dieses Paragraphen bildet und daher die Genitive ŠA 10 UZU.AMAR / ŠA 10 UZU. UDU / ŠA 20 UZU.SILÁ keine "reinen" freischwebenden Genitive sind.

8) Daß šarnikzel- als Regens von taịazilaš und sogar als Akkusativobjekt von pai- erscheinen kann, zeigt das folgende jheth. Beispiel:
ma-a-an ta-i-iz-zi-la-aš-ša / ku-iš-ki šar-ni-ik-zi-el pí-ịa-an ḫar-zi "Auch wenn jemand Ersatz eines Diebstahls (gen. obj.) geleistet hat," KUB XIII 9 II 8 f.
(zu Umschrift und Übersetzung s. von Schuler, FsFriedrich S. 446 ff.).

annanumaš (Beisp. I 3) *kuššan* "Lohn".

peššii̯a-

7. ki-nu-na LUGAL-uš *ŠA* É.GAL^{LIM} pí-eš-ši-it
   "Und jetzt hat der König (das) des Palastes abgeschafft" (wörtl. verworfen)
   HG § 9 A I 15'; § 25 A I 58'' f.

8. ták-ku GUD.ÁB ar-nu-an-da-an ku-iš-ki u̯a-al-aḫ-zi *ŠA* ŠÀ^{BI}-*ŠA* pí-eš-ši-iz-zi 2 GÍN KÙ.BABBAR pa-a-i
   "Wenn jemand eine gedeckte Kuh schlägt (und) sie (das) ihres Inneren abstößt, gibt er 2 Sekel Silber".
   HG § 77a A IV 6.
   (Dasselbe mit ANŠE.KUR.RA ar-nu-an-da-an in A IV 7).

Der freischwebende Genitiv *ŠA* ŠÀ^{BI}-*ŠA* "(das) ihres Leibesinneren" (für heth. *karat-*) ist in der jüngeren Version B III 78, 80 mit *šarḫuu̯anda*, Pl. N.-A. n von *šarḫuu̯ant-*, "Leibesfrucht" (Friedrich, HG) ausgedrückt worden. (Anders Oettinger, StBoT 22 S. 42 f. mit Anm. 92, ausgehend von einem jheth. Ritual mit *šarḫuu̯ant-* für "Wassersucht".)

Beim Gebrauch vom freischwebenden Genitiv im Satz mit einem transitiven Verb stellt sich vor allem die Frage, warum der freischwebende Genitiv (fast) ausschließlich als Akkusativobjekt des Verbs erscheint und nicht (oder kaum) als Subjekt (vgl. Anm. 1; s. auch Sommer, HuH S. 69).[9]

Ein Grund dafür dürfte möglicherweise darin liegen, daß der freischwebende Genitiv trotz seiner "Verselbständigung" noch stark die Eigenschaft als Attribut beizubehalten scheint, wie der folgende junghethitische Beleg zeigt, wo der freischwebende Genitiv sich mit dem Adjektiv berührt (s. Mittelberger, Kratylos 11 S. 99):

ar-kam-ma-na-aš i-i̯a-nu-un[10]

"(die zuvor genannten Städte) machte ich zu (denen) des Tributes" KUB XIX 37 III 47' (Murš. II.);

na-at-za ar-kam-ma-na-al-li-uš [i-i̯a-nu-un]

"Ich[machte]sie tributpflichtig" Ḫatt III 51.

Für eine attributive Eigenschaft des freischwebenden Genitivs könnte auch die Tatsache sprechen, daß er beim Nominalsatz im Vergleich zu anderen Genitivtypen eine nicht unwesentliche Rolle spielt (s. gleich unten).

---

9) Die Interpretation von Otten und Souček (StBoT 8 S. 61 f.) von šau̯ataraš als freischwebendem Genitiv "(der) des Hornes = Hornist" in einem Kontext "Der Hornist ruft die Königin" StBoT 8 I 35', 37' (s. auch Oettinger, HuI S. 202[31]) ist nicht nur aus morphologischen Gründen (Starke, KZ 95 S. 142[2]), sondern nun auch aus syntaktischen Gründen schwer vertretbar.

10) Kammenhuber, HW^2 A 304a, ist auf Grund der Beleglage der Meinung, daß hier die Konstruktion mit dem freischwebenden Genitiv älter als die mit dem Adjektiv ist.

I - 2 Als Prädikat beim Nominalsatz[11)]

9\. ma-a-aḫ-ḫa-an-da ŠA GUD.APIN.LAL ta-i̯a-zi-la-aš

[X] / ki-in-za-a[n-na? . .][12)] QA-TAM-MA

"(Die Buße) dieser (zuvor genannten Tiere) (ist) ebenso wie (die) des Diebstahls eines Pflugrindes" HG § 65 A III 45 f.

Dieses Beispiel stellt anscheinend einen sehr seltenen Fall dar, wo der freischwebende Genitiv zugleich als Regens eines Genitivs (hier gen. obj.) erscheint. Da die Hethiter selbst diese außergewöhnliche Verwendungsweise des freischwebenden Genitivs als etwas undeutlich empfunden zu haben scheinen - denn der freischwebende Genitiv als selbständiges Satzelement ist ja nicht so stabilisiert - , haben die jungen Fassungen taiazilaš durch šarnikzel "Schadenersatz (Ersatz, Buße)" ersetzt:

ma-aḫ-ḫa-an ŠA MÁŠ.GAL šar-ni-ik-zi-i-il a-pí-e-el-la QA-TAM-MA-pát [B III 50; F (KBo VI 8) 5].

"Deren (wörtl. dessen) Buße (ist) ebenso wie (die) eines Ziegenbocks".

10\. ma-aḫ-ḫa-an da-i̯a-zi-la-aš a-pa-a-aš-ša QA-TAM-MA

"Er (ist) ebenso wie (der) des Diebstahls (= Dieb)" HG § 73 B III 69.

---

11) Der prädikative Gebrauch vom "freischwebenden Genitiv" findet sich auch in anderen idg. Sprachen wie z.B. neuhochdeutsch "du bist des Todes" (s. Friedrich, SV I S. 158; Krahe, Grundzüge des vergleichenden Syntax der indogermanischen Sprachen S. 77; Ivanov, HuI S. 77).

12) Nach A III 43 (HG § 64) könnte man hier vielleicht [ut-tar] ergänzen (s. Otten-Souček, AfO 21 S. 5).

11. la-ba-ar-na-aš É-ir-še-it / tu-uš-ka-ra-at-ta-aš ḫa-aš-ša-aš-ša-aš / ḫa-an-za-aš-ša-aš-ša-aš "Des Labarna sein Haus (ist) (eins) der Freude seinen Enkeln (und) seinen Urenkeln (Dat. Pl.)" (oder seiner Enkel (und) seiner Urenkel [Gen. Pl.])" KUB XXXVI 110 (= StBoT 25 Nr. 140) Rs. 13' - 15'.

Ob es sich bei der Form ḫaššaš-šaš ḫanzaššaš-šaš um einen Dat. Pl. (Forrer, FsMeissner I S. 31 f.; Friedrich, SV II S. 37) oder um einen Genitiv (Starke, StBoT 23 S. 61) handelt, ist nicht mit Sicherheit zu bestimmen (vgl. auch Kammenhuber, Mat.heth.Thes Lfg. 3 S. 22; Beckman, JANES 14 S. 21). Mehr Wahrscheinlichkeit spricht aber m.E. für einen Dativ Pl., weil der Genitiv in einem solchen Fall (bei phonetischer Schreibung des Regens) in der Regel vorangestellt wird (s. dazu Kap. II - 1 - 1).

In der prädikativen Verwendung des freischwebenden Genitivs beschränkt sich der im Genitiv stehende Begriff so gut wie ausschließlich auf Abstraktum oder Verbalsubstantiv, dessen prädikative Verwendung bisher nur einmal[13] im Althethitischen belegt ist, aber relativ häufig im Junghethitischen (s. Neu, GsKronasser S. 121 ff.)[14]. Bemerkenswerterweise kommt der freischwebende Genitiv in Prädikatstellung überwiegend ohne verbum substantivum eš-/aš- "sein" vor .Dies hängt wohl mit seiner meistens von zeitlichen Umständen unabhängigen Aussage zusammen (vgl. Kap. II - 3 und Kap. VI - 2).

13) Ki-ma ḫé-en-ku-u̯a-aš-ša-aš "Folgendes (ist) aber (das) seines Schenkens" KBo XXII 1 Vs. 13'. S. Neu StBoT 18 S. 114 f.

14) Der freischwebende Genitiv von Verbalsubstantiva dient oft dazu, eine Notwendigkeit oder Möglichkeit auszudrücken (s. Kammenhuber, HbOr S. 222 Anm.; Neu a.a.O. S. 122).

Im Gegensatz zu den Genitiven des Besitzers (Kap. II - 3) und des Bereichs (s. Kap. IV - 3) berührt der freischwebende Genitiv sich nicht mit dem prädikativen Dativ.

I - 3 Zum Schluß seien die wichtigsten Aussagen über den freischwebenden Genitiv noch einmal zusammengefaßt:

1. Der freischwebende Genitiv ist kein elliptischer Ausdruck, sondern ein absoluter Gebrauch des Genitivs, der vor allem für den juristischen Bereich bestimmt ist.

2. Die Entstehung des freischwebenden Genitivs liegt im Dunkeln. Als fast sicher zu gelten scheint aber, daß er der eigenen Sprachentwicklung des Hethitischen zuzuschreiben ist (ohne fremdsprachigen Einfluß).

3. Der freischwebende Genitiv erfüllt zwei verschiedene syntaktische Funktionen, nämlich
   1) Akkusativ vom transitiven Verb und
   2) Prädikat beim Nominalsatz.

4. Daß der freischwebende Genitiv im Satz mit einem transitiven Verb (fast) nur als Akkusativobjekt fungieren kann, könnte man auf seine attributive Eigenschaft zurückführen.

5. Der freischwebende Genitiv in Prädikatstellung (fast ausschließlich Abstraktum oder Verbalsubstantivum) hat überwiegend kein verbum substantivum eš-/aš- bei sich. Er kann nicht mit dem prädikativen Dativ wechseln.

II. GENITIV DES BESITZERS

II - 0 Während der ganzen Periode des Alt- und Junghethitischen ist dieser Genitivtyp der am häufigsten gebrauchte Genitiv. Er drückt das Besitzverhältnis zwischen den beteiligten Begriffen aus, von denen der im Genitiv erscheinende als Besitzer gedacht werden kann. Besitzverhältnis wird in diesem Zusammenhang folgendermaßen präzisiert: es geht um die Beziehung von Personen (Belebtes) als Besitzer (Genitiv) zu Sachen (Unbelebtem) als Gegenstand des Besitzes (Regens) oder um die von Personen zu Personen. Daher sind die im Genitiv des Besitzers stehenden Substantive auf Personen, Tiere[1] und selten auf Sachen, die unter bestimmten Umständen als belebt betrachtet werden, beschränkt.

Auf Grund des erfreulich reichhaltigen Materials für den Genitiv des Besitzers ergibt sich folgende Gliederung:

1.a Gen. (Belebtes) zu Regens (Unbelebtem)
  b Gen. (Belebtes) zu Regens (Unbelebtem) + Poss. pron.
  c Gen. (Belebtes) zu Regens (Belebtem)
  d Gen. (Belebtes) zu Regens (Belebtem) + Poss. pron.

2. Indefinitpronomen kuelqa

3. Genitiv in prädikativer Stellung.

Um das Besitzverhältnis deutlich zu machen, verbindet sich das Regens im Althethitischen oft mit einem auf den Genitiv bezogenen Possessivpronomen, was man gewöhnlich als einen pleonastischen Ausdruck bezeichnet wie z.B. labarnaš É-ir-šet

---

1) Tiere können auch als Gegenstand des Besitzes im Regens erscheinen.

"des Labarna sein Haus". Bei den Genitivkonstruktionen kommen Possessivpronomina fast ausschließlich[2] in Regentia des Genitiv des Besitzers vor, so als ob sie als Kennzeichen für den Genitiv des Besitzers gedacht wären.

Unter bestimmten Umständen kann sich der Genitiv des Besitzers mit anderen Kasus überschneiden. Das gilt für den Dativ (possessivus), der wahrscheinlich infolge des geringen althethitischen Materials erst im Junghethitischen vorwiegend bei negierten Besitzverhältnissen bezeugt ist (s. II - 3 und Kammenhuber, HbOr 202 f.). Ferner gilt es für den Akkusativ (selten andere Kasus), wenn statt des Genitivs des Besitzers die partitive Apposition eintritt (s. II - 1 - 2; Friedrich HE I^2 § 213).

Nach dieser kurzen Beschreibung soll zunächst dieser Genitivtyp in der Gliederung obiger Tabelle dargestellt werden, ehe dann eine ausführliche Auswertung erfolgt.

Die Belege werden in der Reihenfolge hethitisch, sumerographisch, akkadographisch und Eigenname angeführt. Dabei bleiben unvollständige Belege unberücksichtigt. Jede dieser Gruppen ist in sich alphabetisch nach dem Genitiv gegliedert.

---

2) Bei genitivus subjectivus und objectivus ist das enklitische Possessivpronomen vereinzelt dem Regens zugefügt: uittann=a kutrieš-šmit kappuuauuar-šamet/Ú-UL duqqari "und der Jahre ihre Kürze (und) ihr Zählen spielt keine Rolle" KUB XXIX 1 II 9 f. (gen. subj.); vgl. auch Kap. IV - 1, 2.

Belege

II 1.a Genitiv (Belebtes) zu Regens (Unbelebtem)

antuḫša- 1. an-du-uḫ-ša-aš ḫar-ša-a-a[(r-ra)] "und des Menschen Kopf" StBoT 8 I 23'.

2. an-tu-uḫ-ša-aš / i-da-a-lu INIM^{MEŠ}-ar (= ud-da-a-ar) "des Menschen böse Worte" KUB XXIX 1 II 20 f.

atta- 3. at-ta-aš-ma-aš ḫar-ša-ni-i "auf den Kopf meines Vaters" KBo III 28 II 17'. (Vgl. II 18' A-NA SAG A-BI-I̯A.)

4. at-ta-aš ut-tar (seltener Pl. ud-da-a-ar) "des Vaters Wort"

5. at-ta-aš-ša-ša É-ri "und im Haus ihres Vaters" (attaš-šaš=a) HG § 27 B II 3.

ḫaššatar 6. šal-la-aš-pát ḫa-aš-ša-an-na-aš e-eš-ḫar "der großen Sippe (= Königssippe) Blut" TelErl II 31.

paršan(a)- 7. pár-ša-na-aš ^{UZU}ši-ša-i "des Panthers Zahn(?)" KUB XXIX 1 II 43.

šiun(a)- s. bei DINGIR.

utnii̯ant- 8. ut-ni-i̯a-an-da-an (Gen. auf -an) la-a-lu-uš "der Bevölkerung Zungen" StBoT 8 I 11'.

9. ut-ni-i̯a-ta-an (Gen. auf -an) uš-tu-ul "der Bevölkerung Sünde" KBo XVIII 151 Rs. 15.

DINGIR (= šiun(a)-)

10. ši-ú-na-aš pár-na "in das bzw. in dem Haus des Gottes" KBo XIII 175 (StBoT 25 Nr. 49) Vs. 5;

KBo XVII 15 (StBoT 25 Nr. 27) Rs.$^{!}$ 3';

KBo XVII 42 + KUB LVI 46 VI 24' (jh.)

11. ši-ú-na-aš ^{GIŠ}zu-up-p[(a-a-ri) "des Gottes Fackel"

KBo XXV 17 (= StBoT 25 Nr. 17) I 6 (ergänzt nach jh. Abschrift KBo XXV 18 I 9').

12. ši-ú-na-aš É-az "aus dem Haus des Gottes"

StBoT 12 II 38.

13. ši-ú-na-aš É-ri "im Haus des Gottes"

KBo XVII 15 Rs.$^{!}$ 13'.

14. ši-ú-na-aš ^{GIŠ}PA-a[n "des Gottes Sta[b"

KBo XVII 35 (= StBoT 25 Nr. 134) Rs.$^{?}$ III 2'.

15. DINGIR$^{\underline{\text{LIM}}}$ É-na "in des Gottes Haus" KBo XVII 13 + XXV 68 (= StBoT 25 Nr. 68) Rs. 16.

16. DINGIR$^{\underline{\text{LIM}}}$ É-aš (Gen. des Bereichs) KÁ x["des Hauses des Gottes Tor" KBo XVII 13 + XXV 68 Rs. 17.

17. DINGIR$^{\underline{\text{LIM}}}$-na-aš TÚG-an "des Gottes Kleid"

KBo XX 18 + XXV 65 (= StBoT 25 Nr. 65) Vs.$^{?}$ I 10'.

18. ^{GIŠ}PA$^{\text{ḪI.A}}$ <u>ŠA</u> DINGIR^{MEŠ} "der Götter Stäbe"

KBo XVII 13 + XXV 68 Vs. 6'.

^{LÚ}DUGUD 19. $^{\text{LÚ.MEŠ}}$DUGUD-aš tup-pí "der Würdenträger Tafel"

KBo XXII 1 Rs. 23'.

DUMU 20. DUMU^{MEŠ}-an (Gen. auf <u>-an</u>) pár-na "ins Haus der Kinder" StBoT 8 II 16 f., III 17, IV 11 (Var. DUMU^{MEŠ} pár-na KBo XVII 3 IV 7)

21. É DUMU^{MEŠ}-an (Gen. auf <u>-an</u>) "Haus der Kinder"

StBoT 8 IV 13.

DUMU.LUGAL 22. <u>ŠA</u> DUMU^{MEŠ} LUGAL/ [(iz-za-an GIŠ-ru) "eine Kleinigkeit (?) der Königssöhne (= Prinzen)"

TelErl II 60 f.

GUD 23. GUD-aš KUN-an "des Rindes Schwanz" HG § 43, A II 31' (vgl. B II 53, C IV 13, KUN GUD).

^{LÚ}KÚR 24. ^{LÚ}KÚR-an ($^{LÚ.MEŠ}$KÚR-an, Gen. auf -an) ut-ne-e "des Feindes (der Feinde) Land" TelErl I 16, 26, II 42.

LÚ 25. LÚ-na-aš ku-uš-ša-an ITU 1 KAM ... SAL-ša-ma ku-ša-an ITU 1 KAM "des Mannes Lohn für 1 Monat ... und (wörtl. aber) der Frau Lohn für 1 Monat" HG § 24 A I 55".

Vgl. B I 64 f. LÚ-na-aš [(ku-u)]š-š[(a-a)]n ŠA MU 1[(KAM)....]/[(SAL-š)]a-ma ku-uš-ša-an Š[A

26. LÚ-na-aš ṷa-aš-túl "des Mannes Sünde" HG § 197 KBo VI 26 (j) IV 6.

LUGAL(.GAL) (SAL.LUGAL)

27. LUGAL-an (Gen. auf -an) a-aš-ka "ins Tor des Königs" HG § 71 B III 63.

28. LUGAL-an (Gen. auf -an) a-aš-ki "im Tor des Königs" HG § 187 KBo VI 26 (j) III 21.

29. LUGAL-ṷa-aš (= ḫaššuṷaš)/ḫar-aš-ša-na-a "Kopf des Königs", Lokativ (wohin?) TelErl II 50 f.

30. LUGAL-aš x-x-an pí-tu-li-i̯a-an ta-i-iš / SAL. LUGAL-š[a .]x pí-tu-li-i̯a-an ta-i-iš "Des Königs ... Angst legt er hin, u[nd] der Königin [.]x Angst legt er hin" KBo XVIII 151 Rs. 10 f.

31. LUGAL-aš ud-da-a-ar "des Königs Worte" HAB III 38 (vgl. ibid. III 36 A-ṶA-AT LUGAL-ma).

32. LUGAL-ša ud-da-a-ar "und des Königs Worte" KUB XXIX 1 IV 11.

33. L]UGAL-u̯a-aš ut-tar "des Königs Wort"
KUB XXXI 115. 19'.

34. LUGAL-u̯a-aš ^{GIŠ}DUBBIN "des Königs Rad" HG § 49 A II 57'.

35. LUGAL-aš ^{GIŠ}ERIM$^{?}$ "des Königs Waage" KBo XVIII 151 Rs. 15.

36. LUGAL-aš SAL.LUGAL-ša / gi-nu-u̯[a-a(š GAD$^{\text{ḪI.A}}$ pa-ta-a-a)]n-na (Gen. auf -an) ^{GIŠ}GÌR.GUB "des Königs und der Königin Knietücher und Fußschemel" KBo XX 12 + (= StBoT 25 Nr. 25) I 9f. (ergänzt nach StBoT 12 I 9 f.).
Ähnlich LUGAL-aš SAL.LUGAL-aš-ša gi-nu-u̯a-aš GAD$^{\text{ḪI.A}}$ KBo XX 8 (= StBoT 25 Nr. 26) Vs.$^{?}$ I 18'.

37. LUGAL-aš KASKAL-ša "des Königs Weg" HG § 56 A III 21 (vgl. B III 24, D 30'' KASKAL LUGAL).

38. LUGAL-u̯a-aš MU.KAM$^{\text{ḪI.A}}$-uš "des Königs Jahre"
KUB XXIX 1 II 8.

39. LUGAL-u̯a-aš ZI-aš "des Königs Seele"
KUB XXIX 1 II 45.

^{LÚ}NAR

40. SÌR^{RU} ŠA $^{\text{LÚ.MEŠ}}$NAR "Gesang der Sänger"
KBo XXV 125 + KUB XXVIII 36 (= StBoT 25 Nr. 125) Rs. lk.kol.(Kolophon)

SAL (s. auch bei LÚ)

41. ŠA SAL ku-uš-ša-an "der Frau Lohn" HG § 42 B II 51 (vgl. C IV 10 SAL-aš ku-uš-ša-ni).

42. SAL-na-aš u̯a-aš-ta-iš "der Frau Sünde"
HG § 197 KBo VI 26 (j) IV 7.

SAL.LUGAL

s. bei LUGAL

SILÁ 43. SILÁ-aš iš-ta-an-za-na-an "des Lammes Seele" KUB XLI 23 II 15'.

^{LÚ}SIPAD 44. UR.GI$_7$ ^{LÚ}SIPAD-aš "des Hirten Hund" HG § 87 B IV 22 (vgl. E 5' UR.GI$_7$ ^{LÚ}SIPAD).

LÚ ^{GIŠ}TUKUL 45. A.ŠÀ$^{\text{ḪI.A}}$ ŠA LÚ ^{GIŠ}TUKUL Nr. 45-47 "die Felder des T.-Mannes" HG § 40 A II 19' (vgl. B II 38 ŠA LÚ ^{GIŠ}TUKUL A.ŠÀ$^{\text{ḪI[.A]}}$).

46. A.ŠÀ$^{\text{ḪI.A}}$ ŠA LÚ ^{GIŠ}TUKUL HG § 40 B II 40 (vgl. A II 21', LÚ ^{GIŠ}TUKUL-uš[3)] A.ŠÀ$^{\text{ḪI.A}}$).

47. A.ŠÀ^{LAM} ŠA LÚ ^{GIŠ}TUKUL HG § 112 KBo VI 11 (b) I 21'.

LÚ UR.GI$_7$ 48. LÚ UR.GI$_7$-aš UR.GI$_7$-an "des Jägers Hund" HG § 88 B IV 24 (vgl. E 7' LÚ]UR.GI$_7$ UR.GI$_7$-an).

UR.MAḪ 49. UR.MAḪ-aš pí-di "im Ort des Löwen" HAB II 39.

50. ŠA UR.MAḪ ši-e-ša-i "des Löwen Zahn(?)" KUB XXIX 1 II 42.

LÚ IL-KI 51. A.ŠÀ$^{\text{ḪI.A}}$ ŠA LÚ IL-KI "die Felder des Lehnsmannes" HG § 41 A II 24', 26' (vgl. B II 44, 46; C IV 5
ŠA LÚ IL-KI A.ŠÀ$^{\text{ḪI.A}}$; C IV 3 LÚ IL-KI A.ŠÀ$^{\text{ḪI.A}}$).

---

3) Die Form LÚ ^{GIŠ}TUKUL-uš ist wohl als ein Genitiv auf -š zu betrachten (entgegen Watkins FsJakobson S. 2195 als Possessivadjektiv). Der Genitiv auf -š ist noch dreimal im Althethitischen belegt:

^{m}Nu-un-nu-uš-ša / ^{LÚ}ka-i-na-aš-ša-an KBo III 34 I 16 f. (Beisp. II 1.d 5)

^{m}Ta-ru-uḫ-šu-uš-ša i-u̯a-ar TelErl II 53;

^{D}Ta-ša-am-ma-az (=t-+-s) pí-ra-an KBo XVII 15 Vs.! 11';

s. auch Weitenberg, Die hethitischen U-Stämme S. 315.

^{D}Ḫalmašuit- s. bei ^{D}Šiunašummi-.

^{D}IM/IŠKUR s. auch bei ^{D}Šiunašummi-.

52. ^{D}IŠKUR-aš ma-al-te-eš-na-aš (D.-L.PI.) ḫa-an-da-a-an "in *m.* 'Gebeten'[4] des Wettergottes festgelegt", zuletzt StBoT 25 Nr. 109-111 in KUB VIII 41 II 13' (ma-al-te-eš-na$^{!}$), 17' (*ŠA* ^{D}IŠKUR); XXXI 143 II 27; 143a + VBoT 124 II 17', 7'f. (^{D}IŠKUR-aš-pát).

^{D}Inar(a)- 53. ^{D}I-na-ra-aš ḫa-lu-kán "der Göttin Inar(a) Botschaft" KBo XXV 31 (= StBoT 25 Nr. 31) II 13', 15', III 2', 6'; KBo XX 9 (= StBoT 25 Nr. 32) 10'.

54. ^{D}I-na-ra-aš ma-al-te-eš-na-aš (D.-L.Pl.) ḫa-an-da-a-an wie Nr. 52 in KUB XXXI 143 II 17; 143a + VBoT 124 II 12'; KBo XXV 119 (= StBoT 25 Nr. 119) 6' (maltešnaš fehlt).

^{D}*IŠTAR* 55. ^{D}*IŠTAR*-aš lu-ú-li-aš (Gen. des Bereiches) KÁ.GAL-az "aus dem Tor des Teiches der Ištar" KBo XVI 49 I 6', (ursprgl. ah.)

^{D}kurša- 56. ^{D}kur-ša-aš É-ri "im Haus des (vergöttlichten) Vlieses"
KBo XIII 175 (= StBoT 25 Nr. 49) Rs. 5'
(vgl. KBo XX 69 + XXV 142 (= StBoT 25 Nr. 142) Vs$^{?}$ 6' *IŠ-TU* É kur-[ša-aš]).

^{D}Šiunašummi- (vgl. auch sub DINGIR)

57. URU-i̯a-an a-a[p-(pa)] / ne-pí-ša-aš (Gen. des

4) *malteššar* = das was beim (Hattisch) Rezitieren (*malt-*) herauskommt; wohl nicht in der seltenen jheth. Bedeutung "Ritual" (so Neu StBoT 26, 114 f. mit Anm. 398, wozu noch die Erstbearbeitung von Laroche, JCS 1, 187 ff.); vgl. HW^2 A 85.

Bereiches) ᴰIŠKUR-na-aš É-ir Ù É ᴰŠi-ú-[na-šu(m-mi-i̯n AB-NI)] / É ᴰḪal-ma-šu-it-ta-aš É ᴰIŠKUR-na-a̯š [(BE-LI-I̯A Ù É ᴰŠi-ú-na-šum-mi-iš AB-NI) "Nach der Stadt(befestigung) baute ich einen Tempel des Wettergottes (Neu: für den Wettergott) des Himmels und einen Tempel des Gottes Š. (Neu: für unseren Gott Šiu), einen Tempel der Throngöttin (Neu: für Ḫalmašuit), einen Tempel des Wettergottes, meines Herrn, und einen Tempel des Gottes Šiu (Neu: wie oben) baute ich." So Neu StBoT 18 nach KBo III 22. Rs. 55-57 (ergänzt nach der jh. Abschrift KUB XXVI 71 I 4'ff.)

ᴰTaḫa

58. ᴰTa-a-ḫa-aš-ta (= Taḫaš=(š)ta) KÁ.GAL-az "aus dem Tor des Gottes Taḫa" KBo XVI 49 I 5' (ursprgl. ah.).

59. ᴰTa-a-ḫa-ša KÁ.GAL-aš "in das Tor (pl. tantum) des Gottes T." KBo XVI 49 IV 3' (ursprgl. ah.).

ᴰUTU

60. ᴰUTU-u̯a-aš / [i]š-tar-ni-in-ga-iš "des Sonnengottes Krankheit" KUB XXIX 1 I 46 f.

Personennamen:

61. ᵐKu-ta-a-ta-aš ú-ba-a-ti / ᵐ[. . -]at-ta-a-aš-ši-aš ú-ba-a-ti ᵐKi-i̯a-ru-aš-ša ú-ba-a-[t]i "des PN Lehnsgut(?)[5] ..." KBo VII 14 + Vs. 10 f.

62. [ᵐ]Pí-še-ni-i̯a-aš iš-ḫar "des Pišeni Blut" TelErl I 66 (KBo III 67 II 12)

5) Vgl. von Soden, AHw S. 1423 a (upatinnum).

II 1.b Genitiv (Belebtes) zu Regens (Unbelebtem) + Poss.Pron.

atta- 1. ad-da-aš e-eš-ḫar-še-it "des Vaters sein Blut" TelErl I 66 (KUB XI 5 Vs. 8')

2. at-ta-aš-ša-aš ᵐZi-dan-ta-aš / [(e-eš-ḫar-še-it) "seines Vaters Z. sein Blut" TelErl I 69 f. (KUB XI 6 I 3' f.)

3. at-ta-aš-ta-aš-u̯a SAG.DU-še-it (direkte Rede) "deines Vaters sein Kopf" HAB II 65.

labarna- 4. la-ba-ar-na-aš šu-ur-ki-iš-š[e-eš]/te-e-ga-aš-še-it "des labarnas s[eine] Wurzel, seine Erde" (KBo XVII 22 (= StBoT 25 Nr. 124) III 10' f.

5. la-[b]a-ar-na-aš LUGAL.GAL! ud-da-a-ar-me-it "des Herrschers, des Großkönigs mein Wort" HAB III 46.

6. la-ba-ar-na-aš É-ir-še-it "des labarnas sein Haus" KUB XXXVI 110 (= StBoT 25 Nr. 140) Rs. 13'.

7. la-ba-ar-na-ša MU^{ḪI.A}-še-eš "des l. seine Jahre" KBo XVII 22 III 9'.

8. la-ba-a]r-na-aš LUGAL-aš NINDA-ša-an "des Herrschers, Königs sein Brot" KUB XXXVI 110 Rs. 5'.

^{LÚ}ALAM.ZÚ 9. ^{LÚ.MEŠ}ALAM.ZÚ-an (Gen. auf -an) GÌR^{ḪI.A}ŠU-NU "der 'Spaßmacher' ihre Füße" KBo XVII 43 (= StBoT 25 Nr. 43) I 14'.

ANŠE.KUR.RA s. bei GUD.

DUMU 10. ŠA DUMU^{MEŠ}-ŠU [DUMU.SAL^{MEŠ}-ŠU] /ŠUM-ŠU-NU "seiner Söhne [(und) seiner Töchter] ihr Namen" (wörtl. ihre [Pl.] Name [Sg.]) KBo III 27 Vs. 7'f.

^{LÚ}GAL.GAL^{TIM}

11. ŠA ^{LÚ}GAL.GAL^{TIM} É-ŠU-NU "des Großen (Sg.) ihre (Pl.) Haus (Sg.)" HAB III 45.

GÉME s. bei ÌR.

GUD(.MAḪ) 12. ŠA 2 GUD i-ú-ga-aš-ša-aš UZU-ŠU-NU "zweier einjähriger Rinder ihr Fleisch"
HG § 186 KBo VI 26(j) III 16
(vgl. III 17, 5 GUD ša-ú-i-ti-iš-ta-aš UZU-[ŠU-N]U; III 15 HG § 185
2 GUD.GAL UZU-ŠU-NU, σχῆμα).

13. ŠA GUD.MAḪ$^{HI.A}$ Ù.Š[A$^{?}$] / ^{UZU}mu-uḫ-ra-a-uš-mu-uš Š[A$^{?}$]/^{UZU}KALÁM$^{ḪI.A}$-ŠU-NU
"der Stiere (und) de[r$^{?}$ X] ihre m.-Körperteile; de[r$^{?}$ X] ihre Nieren" KBo XVII 15 (= StBoT 25 Nr. 27) Vs.! 4'-6'.

14. GUD-aš na-aš-ma ANŠE.KUR.RA-aš IGI-ŠU
"des Rindes oder des Pferdes sein Auge"
HG § 77b A IV 8.

ÍR (GÉME) 15. ÌR-ša KAxKAK-ŠU iš-ta-[(a-ma-nu-uš)-šu-uš
"des Sklaven seine Nase (und) seine Ohren"
HG § 95 A IV 45" ergänzt nach B IV 43;
[(ŠA Ì)]R KAxKAK-ŠU UZ-NA-A-ŠU HG § 99 A IV 57''
ergänzt nach B IV 56
(vgl. KBo XIX 4 IV 3' ÌR-na KAxKAK-ŠU U[Z-
σχῆμα)

16. ÌR-na-aš na-aš-ma GÉME-aš QA-AZ-ZU na-aš-ma GÌR-ŠU
"des Sklaven oder der Sklavin seine Hand oder seinen Fuß" HG § 12 A I 22'(vgl. B I 31 ÌR-na-an na-aš-ma GÉME-an QA-AZ-ZU na-aš-ma GÌR-ŠU, σχῆμα)
(vgl. KBo VI 4 I 30', HG § XI [Tutḫaliya IV.]
ÌR-an ŠU-ZU na-aš-ma GÌR-ŠU, σχῆμα).

17. GÉME-aš šar-ḫu-u̯a-an-[du-u]š-šu-uš HG § 18 B I 43
(vgl. C I 23' GÉME-an šar-ḫu-u-u̯a-an-da, σχῆμα)
(vgl. KBo VI 4 I 42', HG § XVII GÉME-an šar-ḫu-u-u̯a-an-da-an, σχῆμα),
"der Sklavin ihre Leibesfrucht".

LÚ und LÚ.ULÙ^{LU}

18. [(LÚ-aš)]/ a-aš-šu-še-it "des Mannes sein Gut"
HG § 27 B II 1 f. ergänzt nach C II 7', J II 8 (LÚ-na-aš)

19. LÚ-aš ḪA.LA-ŠU "des Mannes sein Anteil"
HG § 192 KBo VI 26 (j) III 37.

20. LÚ-aš ŠÀ-ši "des Mannes sein Herz"
KUB XXIX 1 II 44.

21. LÚ.ULÙ^{LU}-aš SAG.DU-ZU "des Menschen sein Kopf"
HG § 9 A I 13'
(vgl. B I 21 LÚ.ULÙ^{LU} SAG.DU-ZU, σχῆμα)
(vgl. KBo VI 4 I 20', HG § VIII LÚ-an SAG.DU-an, σχῆμα).

22. LÚ.ULÙ^{LU}-aš EL-LAM-aš QA-AZ-ZU na-aš-ma GÌR-ŠU
"des freien Menschen seine Hand oder sein Fuß"
HG § 11 A I 20'
(vgl. B I 29 LÚ.ULÙ^{LU}-an EL-LUM QA-AZ-ZU na-aš-ma GÌR-ŠU, σχῆμα)
(vgl. C I 10' UN-an [(EL)]-LAM ŠU-ZU na-aš-ma GÌR-ŠÚ, σχῆμα)
(vgl. KBo VI 4 I 27', HG § X LÚ EL-LUM ŠU-ZU na-aš-ma GÌR-ŠU, σχῆμα).

23. LÚ.ULÙ^{LU}-aš EL-LAM-aš KAxKAK-še-it
"des freien Menschen seine Nase"
HG § 13 A I 24'.

(vgl. B I 33 LÚ.ULÙ^{LU}-an EL-LAM KAxKAK-še-it, σχῆμα)

(C I 12' IL-LAM [. . -]še-it, σχῆμα)

(KBo VI 4 I 33', HG § XII,

LÚ-an EL-LUM KAxKAK-še-it, σχῆμα).

24. LÚ.ULÙ^{LU}-aš EL-LAM iš-ta-ma-na-aš-ša-an

"des freien Menschen sein Ohr" HG § 15 B I 37

(C I 16' UN-an IL-LAM GEŠTU-an, σχῆμα)

(KBo VI 4 I 37', HG § XIV, LÚ EL-LUM GEŠTU-an,

σχῆμα).

LÚ.ULÙ^{LU} bei LÚ.

LUGAL(.GAL) und SAL.LUGAL

25. LUGAL-aš a-aš-šu-me-it "mein, des Königs, Gut"

(wörtl. des Königs mein Gut) KUB XXXI 64 + 64a

II 6'/3'.

26. LUGAL-aš (LUGAL-u̯a-aš) SAL.LUGAL-aš-ša

(SAL.LUGAL-ša) iš-ša-az-mi-it

"aus ihrem, des Königs und der Königin, Mund"

StBoT 8 I 18'; Ciantelli, Mat.heth.Thes da- S. 128 f

27. LUGAL-aš SAL.LUGAL-aš-ša ki-iš-ša-r[a-az-(me-it)

"aus ihren, des Königs und der Königin, Händen"

StBoT 8 II 38, I 37'.

28. LUGAL-u̯a-aš / [(ki-iš-šar-ra-az-š)]e-it

"aus des Königs seiner Hand" KBo XXV 12 +

(= StBoT 25 Nr. 12) II 11'f. ergänzt nach dem

jheth. Duplikat KBo XXII 195(+) III 9'.

29. LUGAL-aš SAL.LUGAL-aš-š[a](SAL.LUGAL-ša)/

ki-it-kar-ša-me-it

"zu ihren, des Königs [und] der Königin, Häuptern"

StBoT 8 II 41 f., IV 21.

30. LUGAL-aš ṇa-ak-ki-še-it "des Königs seine Schwierigkeit" KBo XVIII 151 Vs. 3, 6.

31. L[UGAL-a]š SAL.LUGAL-ša DUMU^{MEŠ} ^{URU}Ḫa-at-tu-ša-aš-ša [(i-da-a-lu-uš-mi-i)t] / pa-ap-ra-a-tar-ša-me-it ḫa-tu-ga-uš la-a-lu-uš AN.B[AR-aš$^{?}$ "des K[önig]s und der Königin, der Söhne von der Stadt Ḫattuša [ih]r [Böses,] ihre Unreinheit, die schrecklichen Zungen [aus] Ei[sen$^{?}$ (Gen. des Stoffes) StBoT 8 II 10 f. (erganzt nach KBo XXX 33. 3'f.

Vgl. LUGAL-aš S]AL.LU[GAL-aš-ša (ḫa-t)]u-ú-ga-an e-eš-ḫar [X] /[(pa-ap-ra-a)-tar StBoT 8 III 19 f.

32. LUGAL-aš SAL.LUGAL-ša a-i-in / ṷa-a-i-in pít-tu-li-uš-mu-uš-ša "des Königs und der Königin Weh, Schmerz und ihre Bedrängnis" StBoT 8 IV 29 f.

33. LUGAL-ṷa-ša / ša-a-ku-ṷa-me-it "und des Königs meine Augen" (der König spricht) KBo III 28 II 8'f.

34. LUGAL-ṷa-aš ták-šu-li-ši-it "des Königs seine Freundlichkeit" KUB XXIX 1 II 47.

35. LUGAL-ṷa! ud-da-a-ar-ra-me-it "des Königs mein Wort" KBo III 28 II 20'.

36. LUGAL-aš GÌR-ši "zu des Königs seinen Füßen" (Text im Sg.) StBoT 8 IV 28 (neben SAL.LUGAL-ša ohne Regens GÌR-ši).

^{LÚ}MAŠDÁ 37. ŠA ^{LÚ}MAŠDÁ / e-eš-ḫar-še-it "des Armen sein Blut" KBo XXII 1 Rs. 24'f.

MÁŠ.GAL 38. MÁŠ.GAL-ša ga-ra-ú-ni[-ši]
"an des Ziegenbockes [seinem] Horn" StBoT 8 III 41'
(vgl. III 25 f., 1 MÁŠ.GAL-r[(i)]/[(ga-ra-ú-ni-š)]i, σχῆμα).

SAL 39. SAL-aš EL-LI šar-ḫu-u̯a-an-du-uš-šu-uš "einer freien Frau ihre Leibesfrucht" HG § 17 B I 40
(vgl. C I 20' SAL-an EL-LAM šar-ḫu-u-u̯a-an-da, σχῆμα) (KBo VI 4 I 40' HG § XVI SAL^{TI} EL-LI šar-ḫu-u-u̯a-an-da-an).

SAL.LUGAL s. bei LUGAL(.GAL).

^{LÚ}SANGA 40. ^{LÚ}SANGA-aš i-pu[-(ul-li-še-it) "des Priesters sein Griff" KBo XXV 33+ (= StBoT 25 Nr. 33) Vs. (I) 20' ergänzt nach jheth. Duplikat Bo 2923 Rs.$^{?}$ IV 1'f.

41. ŠA $^{\text{LÚ.MEŠ}}$SANGA AŠ.ME-ŠU-N[U "der Priester ihre Sonnenscheibe" (KUB XXXII 94 +) KBo XXV 61 (= StBoT 25 Nr. 61) Vs.$^{?}$ II 2.

LÚ ^{GIŠ}TUKUL

42. LÚ ^{GIŠ}TUKUL-aš A.ŠÀ$^{\text{ḪI.A}}$-ŠU ḫu-u-ma-an-da-an
"des T.-Mannes seine Felder alle"
HG § 47b A II 45' (vgl. KBo VI 4 IV 15 HG § XXXVII A.ŠÀ A.GÀR ku-iš-ki ŠA LÚ ^{GIŠ}TUKUL ḫu-u-ma-an-da-an und IV 30 f. HG § XXXIXb LÚ ^{GIŠ}TUKUL$^{!}$ / A.ŠÀ-ŠU ḫu-u-ma-an-da-an).

LÚ UR.GI$_7$ 43. (ŠA LÚ^{MEŠ}UR.GI$_7$ DUGUD)] NÍG.BA-ŠU$^{!}$ "der 'würdigen' (DUGUD = nakki-) Jäger sein! Geschenk"
KBo XXV 12 + XX 5 (= StBoT 25 Nr. 12) II 19', ergänzt nach jheth. Duplikat KBo XXII 195(+) III 15'.

^{D}UTU 44. ^{D}ši-ú-na-an (Gen. auf -an) ^{D}UTU-aš la-ba-ar-[na-aš-ša]/ iš-ta-za-na-aš-mi-it ka-ra-az-za-mi-iš-ša "des Sonnengottes der Götter und des labar[na] ihre Seele (und) ihr Leibesinneres" KUB XLI 23 II 20'f., 23'f.(iš-ta-an-za-aš-me-it).

II 1.c Genitiv (Belebtes) zu Regens (Belebtem)

1. an-na-aš DINGIR^{LIM}-aš "die Mutter des Gottes" KUB XLIII 60 I 21 (jh.).
2. LÚ-an-na (Gen. auf -an) ÌR^{MEŠ} "des Mannes Sklaven" KBo III 46 + Vs. 39'.
3. ÌR LÚ^{URU} Lu-ú-i-u-ma-na-aš "den Sklaven eines Luwiers" HG § 21 A I 45" (B I 53)
4. DUMU.É.GAL Š[(A LUGAL DUMU.)]É.GAL SAL.LUGAL "der Hofjunker des Königs (und) der Hofjunker der Königin" KBo XX 12 + (= StBoT 25 Nr. 25) I 9 (ergänzt nach StBoT 12 I 9).
5. LUGAL-u̯a-aš ÌR^{MEŠ} "des Königs Sklaven" KBo III 23 I 8.
6. ^{LÚ}ŠÀ.TAM ŠA LUGAL ^{URU}Za-al-pa "der Kämmerer des Königs von Zalpa" KBo III 38 Vs. 10'.
7. 10 DAM^{MEŠ} ŠA $^{LÚ.MEŠ}$SANGA "10 Gattinnen der Priester" KBo XX 1 + (= StBoT 25 Nr. 75) II 5'.
8. [^{m}K]a-ra-aḫ-nu-i-li-aš DUMU-aš a-ap-pa-an "hinter des [K]araḫnuili Sohn" KBo VII 14 + Vs. 12.
9. ^{m}Ti-it-ti-i̯a-aš ḫa-aš-ša-tar "des Titti Familie" TelErl II 7.

II 1.d Genitiv (Belebtes) zu Regens (Belebtem) + Poss. pron.

1. ši-ú-na-an (Gen. auf -an) an-tu-uḫ-ši-iš-ša "und des Gottes (bzw. Pl.) seine Menschen" TelErl II 32.
2. LUGAL-u̯a-aš a-ra-aš-mi-iš "des Königs mein Freund" KUB XXIX 1 I 35.
3. DUMU^{MEŠ} ŠI-IP-RI-ŠU ŠA LUGAL ^{URU}Ḫa-la-a[p "seine Boten des Königs von Ḫala[p" KBo III 60 III 5'.
4. ^{D}IŠKUR-na-aš ša-ša-an-ti-iš-ši "zu seiner, des Wettergottes, Konkubine" KUB VIII 41 II 7', vgl. II 11' ^{D}IŠKUR-na-aš ^{LÚ}SUKKAL-ŠU (Vezier) II 10' A-NA SUKKAL-ŠU ŠA ^{D}IŠKUR.
5. ^{m}Nu-un-nu-uš-ša (Gen. auf -š) / ^{LÚ}ka-i-na-aš-ša-an (aus kainan-šan) "und des Nunnu seinen Verwandten" KBo III 34 I 16 f.
6. AMA$^{?}$-ŠU ŠA ^{m}Zu-ú-up-pa "des Zuppa seine Mutter$^{?}$" KBo III 60 III 7'.

II 2 Indefinitpronomina kuelqa

Ohne Possessivpronomen

1. pár-na-ma ku-e-el-ka "aber ins Haus jemandes"
   HG § 44b A II 35'
   vgl. B II 56, C IV 19 A.ŠÀ-ni na-aš-ma pár-ni ku-el-ga
   ([Ku]-e-il-ka)
2. u̯a-aš-du-ul ku-e-el-qa "Sünde jemandes" HAB III 59.
3. A.ŠÀ$^{\text{ḪI.A}}$-ni ku-el-qa "auf dem Felde jemandes"
   HG § 72 B III 68.

Mit Possessivpronomen

4. šu-up-pa-la-aš-še-it ku-e-el-qa "sein Tier jemandes"
   HG § 163 KBo VI 26 (j) I 22.
5. [ÌR-n]a-na-aš-ta (mit -ašta) GÉME$^{!}$-ša-an na-at-ta ku-el-ka
   "den [Sklav]en (und) seine Sklavin niemandes"
   KBo III 41 + KUB XXXI 4 Vs. 6'
   (vgl. Duplikate
   KBo XII 22 I 9 ÌR-na]-na-aš-ta GÉME-aš-ša na-at-ta ku-e-el-q[a
   KBo XIII 78 Vs. 5 f.(jh.) ÌR-na-na-aš-ta[X]/ [Ú]-UL ku-e-da-ni-ik-ki [Dativ]).
   Vgl. für betontes Poss. pron. = enklit. Poss. pron. + Personalpron. im Genitiv z.B. KBo XXV 122 (= StBoT 25 Nr. 122)
   III 2' ut-ne-e-t[e-it tu-e-el] "dein Land"
   III 4' GUD$^{\text{ḪI.A}}$-KA t[u-e-el]; III 6' GUD$^{\text{ḪI.A}}$ SU-GUL-LI[-KA tu-e-el]; III 8' GUD.MAḪ$^{\text{ḪI.A}}$-KA t[u-e-el]; III 10', 12',

ANŠE.KUR.RA$^{HI.A}$-KA (UDU$^{HI.A}$-KA; GUD-uš-K[A) tu-e-el.

Vgl. außerdem HW^2 apa-^{2} "jener, er" 5.4 S. 136 ff. für Sg. apel und Pl. apenzan.

II 3 Genitiv des Besitzers in Prädikat-Stellung

Mit eš-/aš- "sein" für "gehören"

ne ŠA ^{D}UTU^{ŠI}-pát a-ša-an-tu "Sie sollen ebenfalls Meiner Sonne sein (= gehören)" KUB XXXVI 108 Vs. 4

ne ^{m}Pîl-li-i̯a-aš-pát a-[ša-an-tu] Vs. 5

vgl. na-aš a-pí-e-el

"Er (ist) sein" (ohne eš-/aš-)

HG § 162 KBo VI 26 (j) I 21 KBo VI 15 (f) 8' (a-pí-el-pát).

Mit kiš- "werden" altheth. nur mit pron. Genitiv, z.B.

[(a-ši-ma-an-u̯a URU-aš a)]m-me-el ki-ša-ri

"Würde (-man) die betreffende Stadt (doch) mein (wörtl. meiner) werden!" TelErl II 64.

Auswertung der Belege

II - 1 Substantiv zu Substantiv

II - 1 - 1 Gebrauch (vor allem Stellung)

Der Genitiv des Besitzers bezeichnet die Beziehung von Personen zu Sachen bedeutend häufiger als die von Personen zu Personen: von etwa 130 Beispielen entfallen nur 15 auf die von Personen zu Personen. Das enklitische Possessivpronomen kann beim Regens des Genitivs des Besitzers jeder Art auftreten. Besonders häufig kommen enklitische Possessivpronomina aber bei der Angabe des Ganzen (Genitiv) und dessen Teil (Körperteile; Regens) vor. Die Bevorzugung von enklitischen Possessivpronomina in solchen Konstruktionen läßt sich deutlich in althethitischen "Originaltexten" feststellen, wo nur zwei Belege nachweisbar sind, in denen Körperteile (Regens) ohne enklitisches Possessivpronomen erscheinen (Beisp. II 1.a 1, 23).

Wie schon aus den angeführten Beispielen hervorgeht, steht der Genitiv des Besitzers überwiegend vor seinem Regens. Die Nachstellung des Genitivs erfolgt nur dann, wenn das Regens ideographisch, und zwar ohne hethitisches Komplement, geschrieben ist (Beisp. II 1.a 18, 21, 40, 44, 45, 46, 47, 51, 56, 57; 1.c 3, 4, 6, 7; 1.d 3, 4, 6)[6], was in der Regel auch für die

6) an-na-aš DINGIR^{LIM}aš (Beisp. II 1.c 1) "die Mutter des Gottes" (Friedrich, ZA 39 S. 77; Puhvel, HED 1-2 S. 392 "the mother of god"). Trotz des hethitischen Komplementes wird der Genitiv (DINGIR^{LIM}-aš = heth. šiunaš) hier nachgestellt. Vielleicht ist diese Nachstellung beeinflußt durch das seit dem Althethitischen bezeugte ^{SAL}AMA.DINGIR^{LIM} für heth. šiu̯anzanna- "Gottesmutter", Titel einer Priesterin.

sonstigen Genitivtypen mit Ausnahme von Genitiven des Stoffes, der Menge und des Inhalts (s. Kap. VI bis VIII) gilt. Hier zu beachten ist, daß diese Wortstellung, die der sogen. Status-constructus-Verbindung im Akkadischen recht genau entspricht, bestimmt der Nachahmung der akkadischen (sumerischen) Schreibgewohnheiten zuzuschreiben und deshalb nicht als hethitisch anzusehen ist (Neu, StBoT 18. 96 f.). Im Althethitischen scheinen sich diese Schreibgewohnheiten noch stark erhalten zu haben, da bei rein ideographischer Schreibung des Regens (d.h. ohne hethitische Komplemente) der Genitiv des Besitzers in althethitischen "Originaltexten" fast immer nachgestellt wird (Ausnahme Beisp. II 1.a, 34), während sich aber schon in Abschriften der voranstehende Genitiv auch in solchem Falle belegen läßt (Beisp. II 1.a 45, 51; 1.c 2, 5). Bei der Zufügung des enklitischen Possessivpronomens zum Regens stellt der Schreiber den Genitiv dagegen fast ausschließlich voraus (Ausnahmen Beisp. 1.d 3, 4, 6).

Den echten hethitischen Sprachgebrauch ersieht man aus hethitischen Verbindungen. Ist das Regens phonetisch geschrieben oder durch ein Ideogramm mit hethitischem Komplement - sei es mit oder ohne enklitischem Possessivpronomen -, dann geht der Genitiv hethitischer Wortstellung zufolge immer seinem Regens voran, und zwar auch, wenn der Genitiv ein Ideogramm mit akkadischer Endung ist (Beisp. II 1.a 15, 16).

Wegen der sehr knappen Ausdrucksweise im Althethitischen sind nur wenige Fälle zu beobachten, wo Genitiv bzw. Regens weitere Attribute (Adjektive, Partizip, Genitiv usw.) bei sich hat. Mit der Stellung eines Attributes verhält es sich in der

Regel ebenso wie mit der des Genitivs, so daß es überwiegend seinem Bezugswort vorangeht. Also steht das Attribut beim Genitiv vor dem Genitiv und das beim Regens vor dem Regens, d.h. zwischen Genitiv und Regens:

Attr. + Gen. --- Regens (Beisp. II 1.a 6, 57; 1.b 44)

Gen. --- Attr. + Regens (Beisp. II 1.a 2, 36, 55).

Interessant ist dabei, daß ḫumant- "jeder, ganz, all" als Attribut vorzugsweise nachgestellt wird, und zwar auch, wenn das Bezugswort phonetisch oder halbideographisch (Ideogramm mit hethitischem Komplement) geschrieben ist (z.B. KUR.KUR^MEŠ-aš ḫu-u-ma-an-da-aš / [aššuu̯a^?] KBo III 57 II^? 7'f.). Diese Tendenz könnte vielleicht mit der unbestimmten Bedeutung von ḫumant- zusammenhängen (ähnlich wie beim Genitiv des Indefinitpronomens [kuelqa] s. II - 2). Bei der Nachstellung des Adjektivs ELLAM-aš (Akkadogramm mit hethitischem Komplement) in der Konstruktion von LÚ.ULÙ^LU-aš EL-LAM-aš "eines freien Menschen" (Beisp. II 1.b 22, 23) scheint der Schreiber dem Bild der akkadischen Schreibung gefolgt zu sein.[7)]

Wird das Regens (graphisch) durch eine akkadische Präposition oder durch ein Relativpronomen regiert, so steht das regierende Wort meistens zwischen dem Genitiv und dem Regens, solange der Genitiv vorangestellt wird (z.B. ŠA ^LÚa-ši-u̯a-an-da-aš/

---

7) Jedoch ist die Möglichkeit m.E. nicht ausgeschlossen, daß ELLAM-aš nicht als Adjektiv, sondern als substantivische Apposition zu LÚ.ULÙ^LU-aš gehört: "eines Menschen, (nämlich) eines Freien". Wenn diese Auffassung zutrifft, stimmte die Stellung von ELLAM-aš mit der hethitischen Wortstellung überein.

A-NA DAM-ŠU KBo III 7 III 4' f. (ursprgl. aheth.); für nachgestellten Genitiv s. Beispl. II 1.d 4.

II - 1 - 2 Gen. des Beistzers und seine Konkurrenzausdrücke

Besondere Erwähnung verdient hier die sogen. partitive Apposition (σχῆμα καθ' ὅλον καὶ μέρος), die an die Stelle des Genitivs des Besitzers treten kann.[8] Sie besteht aus den zwei Begriffen des Ganzen und dessen Teils im gleichen Kasus (überwiegend Akkusativ), die meistens von einem Verb abhängen. Mit der Genitivkonstruktion berührt sie sich in der Weise, daß das erste Glied als Ganzes dem Genitivattribut und das zweite (Apposition) als Teil dem Regens entspricht. Daher vertritt die partitive Apposition im Bereich des Genitivs des Besitzers nur solche Konstruktionen, die zur Angabe des Ganzen (Belebtem) und dessen Teils (Körperteil) dienen, und nicht diejenigen, die ein normales Besitzverhältnis wie attašaš=a É-ri "und im Haus ihres Vaters" ausdrücken; denn "das Haus" ist ja auf keinen Fall als "Teil" des Vaters zu betrachten.

Die Funktionsüberschneidung des Genitivs des Besitzers mit der partitiven Apposition läßt sich vor allem in den Gesetzen nachweisen (Beisp. II 1.b 12, 15, 16, 17, 21, 22, 23, 24, 38, 39). Dabei ist bemerkenswert, daß in der ältesten Fassung (Text A) fast keine[9] partitive Apposition vorkommt, während die nächstälteste (Text B) schon zum großen Teil und die sonstigen fast ausschließlich diese Konstruktion gebrauchen (vgl. Carruba,

8) Die partitive Apposition kann auch statt des Genitivs des Bereiches, des genitivus partitivus (und Genitivs des Inhalts) eintreten. S. u. Kap. IV - 2, IX - 3 (und VIII - 1).

9) Im Text A ist mir nur eine einzige partitive Apposition, die

Souček, Sternemann, ArchOr 33. 14 f.). Im Vergleich zum Junghethitischen sind in der Tat nur wenige partitive Appositionen aus dem althethitischen Material bekannt, selbst wenn man dessen dürftigen Überlieferungszustand in Rechnung stellt. Außer den Belegen in den Gesetzen begegnet man nur folgenden Beispielen:

LUGAL-i ki-iš-ša-ri-i
"dem König in die Hand = in die Hand des Königs"
StBoT 8 I 28'
1 MÁŠ·GAL-r[(i)] / [(ga-ra-ú-ni-š)]i
"dem einen Ziegenbock (an) seinem Horn = (an) seinem, des einen Ziegenbocks, Horn"
StBoT 8 III 25 f.
vgl. MÁŠ·GAL-ša (Gen.) ga-ra-ú-ni-[ši]
StBoT 8 III 41' (beisp. II 1b 38)
SAG.GÉME.ÌR^{MEŠ} e-eš-har-še-mi-it
"die Gesinde, (nämlich) ihr Blut"
KBo III 23 I 9
^{m}Šar-ma-a-aš-šu-u-i / ^{m}Nu-un-nu-ú-i-i̯a
ša-ku-u̯a-aš-ma
"dem Šarmaššu und Nunnu (vor) ihren Augen = (vor) ihren, des Š. und N., Augen"
KBo III 34 I 17 f.

Im Althethitischen wird das enklitische Possessivpronomen ebenso wie bei der Genitivkonstruktion an die Apposition als Teilbegriff angehängt worden sein. Vermutlich ist es noch erforderlicher für die partitive Apposition als für die Genitivkonstruktion, weil die Verbindung zwischen der Apposition und dem Substantiv, auf die sie sich bezieht, lockerer als die zwischen dem Genitiv und dem Regens ist.

In StBoT 23 (1977) S. 176 betrachtet Starke die Konstruktion ^{LÚ}a-ši-u̯a-an-da-na ši-e-it KBo XXII 1 Rs. 29' als partitive Apposition und übersetzt "Das Seinige (d.h. die Habe, der Besitz)

---

den genitivus partitivus vertritt, bekannt: NÍG.BA 2 QA-TAM LÚ ^{GIŠ}TUKUL da-a-ú (HG § 53 III 11) "zwei Teile des Geschenks soll der T.-Mann nehmen." S.u.Kap.IX-3 beim gen.part.

des Armen". Die Form ^{LÚ}a-ši-u̯a-an-da-na kann man jedoch genauso gut als Genitiv auf -an interpretieren (Kammenhuber, HW^2 A S. 406a). Außerdem dient die partitive Apposition - wie schon angedeutet - hauptsächlich zur Angabe des Ganzen und dessen Teil und nicht zur Bezeichnung des normalen Besitzverhältnisses. Näher scheint mir deshalb zu liegen, ^{LÚ}a-ši-u̯a-an-da-na ši-e-it nicht als partitive Apposition, sondern als Genitivkonstruktion zu interpretieren. Unter partitiver Apposition führt Starke (a.a.O., S. 176) auch die Phrase [A-NA UGULA $^{L]Ú.MEŠ}$ Ú.ḪÚB ḫu-u-up-pí-iš-ši KUB XLIII 30 III 17' an. Wie seine eigene Übersetzung "[für den Anführer] der Tauben unter Verwendung seines ḫuppi-Gefäßes" (a.a.O., S. 78) zeigt, ist das wahrscheinlich keine partitive Apposition. Ebenfalls ist die Konstruktion aus dem TelErl II 29 nu-u̯a-ru-uš IGI$^{ḪI.A}$-u̯a munnanzi "Sie werden ihnen die Augen (wörtl. sie, (nämlich) die Augen) verhüllen" (Friedrich, HE I^2 § 213) jetzt nicht mehr mit Sicherheit unter die partitive Apposition einzuordnen.[10]

Die partitive Apposition ist also den Schreibern in althethitischer Zeit zwar nicht unbekannt, aber deren Anwendungsbereich scheint sehr eingeschränkt zu sein. Die Vorliebe des Althethitischen für den Genitiv (des Besitzers) zur Angabe des Ganzen und dessen Teils ist vielleicht auch in der Genitivkonstruktion mit Postposition (z.B. LUGAL-u̯aš piran), die bekanntlich im Jugnhethitischen durch den D.-Lokativ (LUGAL-i piran "vor dem König") fast ganz verdrängt worden ist, zu beobachten (Starke a.a.O., S. 175 ff.).

---

10) Hoffmann, Theth 11 S. 120 ff., sieht in -uš eher einen Akkusativ der Beziehung und interpretiert den Ausdruck -uš IGI^{ḪIA}-u̯a munnai- "in Beziehung auf sie die Augen verbergen/verhüllen = vor ihnen die Augen schließen". Vgl. auch Carruba, Fs Güterbock S. 75 mit Anm. 8.

Die Wortstellung der partitiven Apposition entspricht der der Genitivkonstruktion:

Begriff des Ganzen --- Teilbegriff

Genitiv --- Regens = Genitivkonstruktion

(Bezugs-)Substantiv --- Apposition = partitive Apposition.

Der Teilbegriff, den hier Regens und Apposition vertreten, wird immer nachgestellt, solange er dem Ganzen gegenüber als übergeordnetes Wort in Erscheinung tritt. Wenn der Teilbegriff seine Überlegenheit in der Konstruktion verliert, dann steht er vor dem Begriff des Ganzen, was vielleicht nur bei dem Genitiv des Inhaltes und der diesem entsprechenden Apposition-Konstruktion (Kap. VIII-1) der Fall sein könnte.

Wie Ciantelli in ihrer ausführlichen Untersuchung zum Verb da- "nehmen" (Mat.heth.Thes Lfg. 7-9, Nr. 6) feststellt, steht im Junghethitischen die Person in der Wendung "etwas wegnehmen" im Dativ und stellt den Ausgangspunkt der Verbhandlung dar (mit Ortspartikel[11]) "jemandem etwas wegnehmen", während im Althethitischen dagegen die Person in solchem Falle als Besitzer des direkten Objekts (im Akkusativ) vom Verb aufgefaßt und hauptsächlich im Genitiv vertreten ist (ohne Ortspartikel[12]) - "etwas

---

11) Da die Funktion des "ablativischen Dativs" bei der Personbezeichnung von der Ortspartikel abhängig ist, ist der Dativ ohne Ortspartikel in der Wendung "jemandem etwas wegnehmen" als "reiner" Dativ (vielleicht dativus commodi) aufzufassen (s. Kammenhuber, HW^2 A S. 476a gegenüber Starke, StBoT 23 S. 99).

12) Nur einmal kommt die Genitivkonstruktion mit Ortspartikel vor: [ÌR-n]a-na-aš-ta GÉME-ša-an na-at-ta ku-el-ka da-aḫ-ḫu-un "Den Sklaven (und) die Sklavin irgendjemandes habe ich nicht

jemandes nehmen" - (Ciantelli, a.a.O. S. 13). Jedoch ist der "ablativische Dativ" bei Personenbezeichnungen schon seit dem Althethitischen vor allem bei enklitischen Personalpronomina, aber selten bei Nomina, bezeugt (Ciantelli, a.a.O. S. 13, 91), und zwar sogar manchmal in fast demselben Kontext wie die Genitivkonstruktion.

Genitivkonstruktion:

da-a LUGAL-aš SAL·LUGAL-ša a-i-in / u̯a-a-i-in pít-tu-li-uš-mu-uš-ša "Nimm des Königs und der Königin Weh, Schmerz und eure Bedrängnis" (Beisp. II 1.b 32, StBoT 8 IV 29f.)

Dativkonstruktion:

[na-a]š-ta LUGAL-i SAL.LUGAL-i̯a a-i-in ú-u̯a-a-i-in pít-tu-li-uš-ša / [da-a-aḫ-ḫ]u-un "Dem König und der Königin (weg) habe ich Weh, Schmerz und Bedrängnisse [genomm]en" KBo XVII 7 + KBo XXV 7 + IBoT III 135 IV? 5'f. (StBoT 8 S. 40); (da-a-aḫ-ḫu-uš-m)]a-aš-ta a-i-in u̯a-a-i-in / [pít-tu-li-uš-m(u-uš)]-ša "Ich habe euch (weg) Weh, Schmerz und [eu]re [Bedrängnisse] genommen." StBoT 8 IV 38f.

Da die beiden Konstruktionen sich sowohl syntaktisch als auch funktionell voneinander unterscheiden, sind sie grammatisch genau genommen nicht miteinander vertauschbar. Der Bedeutungsunterschied besteht hauptsächlich darin, daß bei der Genitivkonstruktion der Gegenstand, der weggenommen wird, und bei der Dativkonstruktion die Person, von der etwas weggenommen

---

genommen." (Beisp.II 2.5). Diese merkwürdige Erscheinung ist wahrscheinlich, wie Ciantelli (a.a.O. S. 93) andeutet, eine Analogiebildung nach den inhaltlich gleichgeordneten Dativ-Sätzen mit Ortspartikel.

wird, den Schwerpunkt in der Satzaussage darstellt. Aber die Handlung an sich und deren Resultat eignen beide Konstruktionen. Es handelt sich hier also nur um zwei verschiedene Standpunkte, von denen aus derselbe Vorgang betrachtet wird.

Beachtenswert ist bei diesem Verhältnis zwischen dem Genitiv des Besitzers und dem "ablativischen Dativ", daß das Althethitische die Genitivkonstruktion bevorzugt. Dieselbe Tendenz beobachtet man, wie schon gesagt, auch beim Genitiv des Besitzers, der mit der partitiven Apposition in Konkurrenz steht.

Starke macht StBoT 23 S. 101 ff. darauf aufmerksam, daß das persönliche Agens (Urheber der Handlung) im Althethitischen, wo Instrumental und Ablativ bei Personbezeichnungen nicht bezeugt sind, mit kiššari / I-NA QA-TI + Genitiv der Person" in der Hand der Person" umschrieben wurde. Er erklärt dies durch folgende Beispiele:

1. I-NA QA-TI DINGIR^{LIM} a-ak-ki-iš "Es (das Tier) ist in der Hand eines Gottes gestorben" HG § 75 A IV 3 vgl. B III 75 IŠ-TU DINGIR^{LIM}-ṷa-ra-aš BA.ÚŠ und I Rs. 4' IŠ-TU DINGIR^{LIM}[.
2. KUR ^{URU}Ḫa-at-ti-i̯[(a-ká)]n la-ba-ar-na-[(aš)]/ ^{SAL}ta-ṷa-an-na-[(an-n)]a-aš ki-iš-ša-ri-i / tar-ru-u ú[(-e-ši-)]it-ta-ru "Das Land Ḫatti soll in der Hand des labarna (und) der taṷananna t. weiden" KUB LVII 63 II 12-14, ergänzt nach KUB LVII 60 II 7'-9' (jh.).

Trotz Starkes fester Überzeugung bleibt diese bemerkenswerte Annahme etwas unbefriedigend; denn, wie auch schon Watkins bemerkt (Gs Kronasser S. 253[7]), die Verben in den in Frage kommenden Sätzen sind intransitiv (ak(k)-/ek- "sterben",[13] u̯ešii̯a- "weiden") und haben keine passivische Bedeutung.[14] Vor allem beim zweiten Beispiel kann man kaum von einem Agens - "durch den labarna (und) die tau̯ananna" - sprechen, sondern es handelt sich dabei vielmehr um eine bildliche Ausdrucksweise[15] - "in der Hand des l. und t. (d.h. unter der Herrschaft/ dem Schutz des l. und t.)". Auch das erste Beispiel - I-NA QA-TI DINGIR$^{\underline{LIM}}$ "in der Hand eines Gottes" - , das in den jüngeren Duplikaten durch IŠ-TU DINGIR$^{\underline{LIM}}$ "durch einen Gott" ersetzt wurde, scheint mir nicht ausschlaggebend dafür zu sein, die Umschreibung des Agens durch I-NA QA-TI / kiššari + Genitiv der Person zu beweisen. Auf jeden Fall läßt sich allein auf zwei Beispielen fußend das Vorhandensein solch einer Umschreibung etwas schwer beweisen. Dazu braucht man unbedingt noch weitere verläßliche Sätze.

II - 2 Indefinitpronomina - kuelqa

Unter den hethitischen Indefinitpronomina nimmt kuiški eine besondere Stellung ein; denn es wurde sowohl substantivisch "jemand" als auch adjektivisch "irgendeiner" ge-

---

13) Die passivische Bedeutung von ak(k)-/ek- "getötet werden" (= Passiv zu kuen-/kun- "töten") paßt in diesem Zusammenhang nicht.

14) In der Regel findet sich der (noch jheth. seltene) Agens in Nominalsätzen mit dem Partizip transitiver Verben sowie bei einigen Medialformen in passivischer Bedeutung; vgl. Neu, StBoT 6 S. 113 ff.

15) Beim zweiten Beispiel hält Starke auch diese Auffassung für möglich.

braucht, während die anderen (kuiš(š)a "jeder", tamai- "anderer", dapii̯a-[16] "ganz, jeder") hauptsächlich als Begleiter von Substantiven erscheinen. Der substantivische Gebrauch von kuiški ist fast identisch mit Substantiven, was dazu berechtigt, es als einziges Beispiel von Pronomina hier zu besprechen.

Da mit kuiški eine beliebige (und nicht näher bestimmte) Person bezeichnet wird, fällt dessen Genitiv kuelqa (kuelga, kuelka) meistens in die Kategorie des Genitivs des Besitzers (Beisp. II 2.1-5). Beim Gebrauch von kuelqa ist zunächst zu beachten, daß im Gegensatz zur normalen Genitivkonstruktion der Genitiv kuelqa ausnahmslos hinter dem Regens steht (Kammenhuber, HbOr S. 202). Die Frage, warum der Genitiv in diesem Fall nachgestellt wird, ist noch ungeklärt. Dabei kann man natürlich nicht akkadischen Einfluß erwarten. Die Antwort auf diese Frage dürfte vielleicht in der allgemeinen und unbestimmten Bedeutung von kuiški[17] gesucht werden. Wegen seiner unbestimmten Bedeutung scheint die Aufgabe des Genitivs, das Regens näher zu definieren, bei kuelqa schwach entwickelt worden zu sein.

Noch eine Eigentümlichkeit von kuelqa ist in seiner negierten Form natta(UL) kuelqa "niemandes" zu beobachten (Beisp. 2. 5), womit kuelqa deutlich dem Genitiv des Substantivs gegenübersteht.

Wie es beim (substantivischen) Genitiv des Besitzers der Fall ist, kann das enklitische Possessivpronomen auch dem

---

16) tamai- und dapii̯a- mag man vielleicht nicht zu den Indefinitpronomina (im engeren Sinne des Wortes) rechnen; vgl. Rosenkranz, Vergleichende Untersuchungen der altanatolischen Sprachen (1978) S. 74.

17) Zur Stellung von kuiški innerhalb des Satzes, s. K.H.Schmidt, Fs. Neumann S. 357 f.

Regens von kuelga zugefügt werden (Beisp. II 2.4,5).

II - 3 Genitiv des Besitzers in Prädikatstellung

Das Hethitische kennt kein allgemeines besitzbezeichnendes Verbum, das "haben, besitzen" im Deutschen entspräche. Statt dessen gab es zwei verschiedene Ausdrucksweisen zur Besitzangabe:

1. Genitiv (des Besitzers) + eš-/aš-...Typ
   "das Haus ist des Vaters"
   und
2. Dativ (possessivus) + eš-/aš-...Typ
   "das Haus ist dem Vater".

Dies ist auch in anderen idg. und nicht-idg. Sprachen zu beobachten.[18)]

Im Althethitischen ist der prädikative Genitiv des Besitzers mit (oder ohne) eš-/aš- sehr spärlich bezeugt (Beisp. II 3) und der prädikative dativus possessivus überhaupt nicht. Das ist fast sicher auf einen Zufall des unzureichenden Überlieferungszustandes des Althethitischen zurückzuführen, das ja nur ca. 5 % des gesamten hethitischen Materials ausmacht. Die folgende kurze Skizzierung beruht deshalb hauptsächlich

---

18) S. Delbrück, Grdr^2 III. 1 S. 287 f., 331 f. und für eine nicht-idg. Sprache z.B. japanisch
Ie-wa chichino dearu
"Haus-Partikel (Nomin.) des Vaters ist = Das Haus gehört zum Vater;
Ie-ga chichini-wa aru
"Haus-Partikel (Nomin.) dem Vater-bei (vorhanden) ist = Der Vater hat das Haus".

auf dem junghethitischen Material.

Trotz ihrer ähnlichen Bedeutungsnuance unterscheiden sich die Genitiv- und Dativkonstruktion im syntaktischen und semantischen Bereich voneinander. Bei eš-/aš- mit Genitiv handelt es sich um die sogen. "Kopula", die die Identität zwischen zwei nominalen Begriffen aussagt,[19)] das heißt fast keine Funktion als Verb hat. Bei der Dativkonstruktion haben wir es dagegen mit dem verbalen Begriff "vorhanden sein, existieren" zu tun. Deshalb kann eš-/aš- bei der Genitivkonstruktion im Präsens oft ausgelassen werden (nach Friedrich, HE I^2 § 195.3b, ist es nur beim Präteritum nötig, vgl. auch Kap. VI - 2), aber eš-/aš- fehlt nicht bei der Dativkonstruktion. Der semantische Unterschied liegt vor allem darin, daß der Genitiv das positive Besitzbehältnis angibt, während der Dativ vorwiegend in negierten Aussagen "nicht haben/besitzen" auftritt (Kammenhuber, HbOr S 202 f.). In anderen idg. Sprachen (zumindest in einigen davon) ist festzustellen, daß die Betonung bei der Genitivkonstruktion auf dem Besitzer liegt, dagegen bei der Dativkonstruktion auf dem Gegenstand des Besitzes (Löfstedt, KZ 78 S. 65 mit Anm. 4). Die Frage, ob derselbe Bedeutungsunterschied auch für das Hethitische gilt oder nicht, läßt sich im Moment nicht beantworten. Vorerst scheint es so, als ob der Dativ im späteren Junghethitischen den Genitiv zurückdränge.

---

19) Gegenüber der völligen Identität zwischen Nomen (im Nominativ) und Nomen (im Nominativ) nennt Watkins die zwischen Nomen (im Nominativ) und Nomen (im Genitiv) "identity of inequality" (FsJakobson S. 2193).

Da der prädikative Genitiv als ein "Prädikat der Zugehörigkeit"[20] (im weiteren Sinne) zu bezeichnen ist, können auch andere Genitivtypen (der freischwebende Genitiv [Kap. I - 2], der Genitiv des Bereiches [Kap. IV - 3], der Genitiv des Stoffes [Kap. VI - 2])in Prädikatsstellung treten. Wenn man von der äußeren Gestalt des Satzes ausgeht, gibt es keinen Unterschied zwischen dem Genitiv des Besitzers und den anderen Genitivtypen in Prädikatsstellung. Daß sie dennoch voneinander abweichen, beweist schon die Tatsache, daß nur der prädikative Genitiv des Besitzers durch den Dativ (possessivus) ersetzt werden kann.

Sehr vereinzelt kommt der prädikative Genitiv des Besitzers mit kiš- "werden" vor (im Althethitischen nur zweimal mit Pronomen bezeugt). Der prädikative Genitiv des Besitzers mit kiš- drückt nicht nur die Beziehung von Personen zu Sachen aus - "S. wird (Eigentum) der P." - , sondern auch die von Personen zu Personen - "P. wird (einer) der P." (häufiger) -, während es bei der Konstruktion mit eš-/aš- vorwiegend um die von Personen zu Sachen - "S. ist der P." - geht. Die beiden Konstruktionen bezeichnen zwar das Besitzverhältnis, aber nicht dieselbe Situation. Die Konstruktion mit eš-/aš- gibt den Zustand des Besitzes an und die mit kiš- den Prozeß, der zum Besitz führt. So darf kiš- nicht fehlen. Der Genitiv des Besitzers bei kiš- ist vermutlich nicht durch den Dativ mit kiš- ersetzbar; denn die Dativkonstruktion[21] scheint in

20) Watkins, a.a.O. S. 2191 ff.; Benveniste, Problèmes de linguistique générale (1966) = Probleme der allgemeinen Sprachwissenschaft (deutsche Übersetzung, 1974) S. 221.

21) Hierbei handelt es sich wahrscheinlich um den dativus

diesem Fall kein Besitzverhältnis (mehr) auszudrücken.

II - 4 Abschließend seien die Aussagen über den Genitiv des Besitzers kurz zusammengefaßt:

1. Der Genitiv des Besitzers (genitivus possessivus) gibt ein Besitzverhältnis an, vor allem das Verhältnis eines Sachbesitzes.
2. Im Althethitischen ist oft das enklitische Possessivpronomen dem Regens zugefügt. Besonders häufig kommt es bei der Angabe des Ganzen (Genitiv) und dessen Teils (Regens) vor.
3. Bei Körperteilen ist der Genitiv des Besitzers durch die partitive Apposition ersetzbar. Ferner steht der "ablativische Dativ" in enger Beziehung zum Genitiv des Besitzers. Im Althethitischen ist aber der Gebrauch dieser beiden konkurrierenden Wendungen beschränkt, und die Genitivkonstruktion wird bevorzugt.
4. Der prädikative Genitiv des Besitzers dient zur Angabe des Besitzens und der prädikative dativus possessivus vorwiegend zur Angabe des Nicht-Besitzens. Bei der Genitivkonstruktion fehlt das Verbum eš-/aš- oft, aber bei der Dativkonstruktion nicht.

---

commodi (nicht possessivus) "für jemanden werden". Es ist aber oft schwierig, die beiden Dativkategorien possessivus und commodi voneinander zu unterscheiden (Löfstedt, a.a.O. S. 66 f.).

Der prädikative Genitiv des Besitzers ist auch mit kiš- "werden" belegt.

Zur Stellung des Genitivs

1. Der Genitiv des Besitzers wird immer dem Regens vorangestellt, wenn das Regens phonetisch oder halbideographisch geschrieben ist.
2. Die Nachstellung des Genitivs tritt nur bei rein ideographischer Schreibung des Regens ein. Aber bei Hinzufügung des enklitischen Possessivpronomens zum Regens steht auch ein solcher ideographisch geschriebener Genitiv fast immer vor dem Regens.
3. Das Attribut zum Genitiv steht vor dem Genitiv und das Attribut zum Regens zwischen dem Genitiv und dem Regens.
4. kuelqa "jemandes" wird immer dem Regens nachgestellt.

III. GENITIV MIT DEM REGENS išḫa-

III - 0 Unter den Genitivtypen im Hethitischen nimmt der Genitiv mit dem Regens išḫa- "Herr, Besitzer" (Sumerogr. EN, Akkadogr. BĒLU) wegen seiner Gebrauchsweise eine besondere Stellung ein, was eine gesonderte Behandlung dieser Genitivkonstruktion rechtfertigt.

III - 1 Der Genitiv mit išḫa- bezeichnet zunächst ein Besitzverhältnis, wie folgende Beispiele zeigen:

1. ŠA KUŠ.GUD-aš iš-ḫi-i "zum Besitzer der Rinderhaut"
   KUB XXXVI 100 + Rs. 10'.
2. i-u̯a-ru-aš iš-ḫa-a-aš "der? (oder des? [1]) Inhaber(s) der Schenkung" HG § 46 A II 41';
   B II 62(i-u̯)]a-ru-u̯a-aš iš-ḫa-a-aš.
   KBo VI 4 IV 25 HG § XXXVIII i-u̯a-ru-u̯a-aš EN-aš
3. (ta še-e-)]li-i̯a-aš / iš-ḫa-a-aš A.ŠÀ-na-aš ^{GIŠ}SAR-aš ua-al-ah-zi "und der Besitzer des Getreidehaufens, Feldes (oder) Gartens schlägt (ein Schwein)" HG § 86 B IV 19 f.
   (ergänzt nach E 2', ta še-e-li-i̯a-aš EN-aš A.ŠÀ-aš ^{GI}[^{Š}).

Formal hat diese Genitivkonstruktion an sich nichts besonders Auffallendes. Die Besonderheit liegt hier jedoch darin, daß der Besitzer im Regens, der Gegenstand des Besitzes im Genitiv steht, d.h. die Abhängigkeitsrichtung vom Regens zum Genitiv hinzielt - genau umgekehrt wie beim Syntagmen mit Genitiv des Besitzers:

---

1) Die Frage, ob es sich bei der Form iš-ḫa-a-aš um einen Nominativ oder um einen Genitiv handelt, ist nicht mit Sicherheit zu entscheiden; s. von Schuler, TUAT I/1 S. 105.

Regens (išḫa-) --- Genitiv (Gegenstand)

Regens (Gegenstand) Genitiv des Besitzers.

Im Vergleich zum Genitiv des Besitzers ist der Genitiv mit išḫa-, der das Besitzverhältnis angibt, selten. Denn solches Besitzverhältnis "der Besitzer des (der) ..." wird meistens als akkadische Status-constructus-Verbindung (BĒL/EN[2]) ...) geschrieben oder im Althethitischen durch išḫa- mit Possessivpronomen (išḫaš-šiš "sein Herr") ausgedrückt, wenn der Gegenstand des Besitzes vorher genannt oder aus dem Zusammenhang ersichtlich ist.

Für die Frage der Stellung des Genitivs bietet Beisp. III 3 ein interessantes Beispiel, wo zwei von drei Genitiven (A.ŠÀ-na-aš, ^{GIŠ}SAR-aš) trotz der phonetischen Schreibung des Regens (iš-ḫa-a-aš) nachgestellt werden. Hier liegt wahrscheinlich Deutlichkeitsstreben zugrunde.

III - 2 Daneben dient der Genitiv mit išḫa- auch zur Bezeichnung von Personen mit bestimmten Funktionen. Nähere Einzelheiten sind größtenteils noch ungeklärt; erklärende Texte fehlen:

4. e-eš-ḫa-na-aš-pát / iš-ḫa-a-aš "des Blutes Herr"
   TelErl IV 27/19'f.
5. ḫa-an-ne-eš-na-aš iš-ḫa-a-aš "des Gerichtes Herr".[3]

---

2) Das Sumerogramm EN wird im Althethitischen kaum verwendet; erst im Junghethitischen ist es häufig. In den bisher veröffentlichten althethitischen "Originaltexten" fehlt EN anscheinend.

3) ḫannešnaš išḫaš erscheint auch als Göttertitel; z.B. junghethitisch KUB XXXI 127 I 1f. (CTH 372, wegen UN nicht vor

HG § 38 A II 14'.

Vgl. B II 32[4] [ḫa-an-ni-i]t??-tal-ṷa-aš.

6. ud-da-na-aš-ša-aš EN-aš "seiner Worte/Angelegenheit Herr" KBo III 38 Vs. 16'. (s. Otten, StBoT 17 S. 38 f.; Neu Fs Risch S. 113).

Bei diesen Genitivverbindungen verliert das Regens išḫa- fast seine konkrete Bedeutung und sinkt zum bloßen Formwort ab. Bemerkenswerterweise finden sich wörtlich genau entsprechende Parallelen im Akkadischen:

bēl dāmi "Mörder" - zu Beisp. III 4

bēl dīni "Prozeßgegner" - zu Beisp. III 5

bēl awātim "Verklagter, Prozeßgegner" - zu Beisp. III 6

(s. Kronasser, EHS S. 334 f.; von Soden, AHw S. 119).

Dabei handelt es sich vorwiegend um juristische Begriffe, die im Hethitischen schwach entwickelt zu sein scheinen (s. Kap. I - 0). Daraus könnte man vielleicht schließen, daß diese hethitischen Genitivverbindungen (III - 2) auf das Vorbild des Akkadischen zurückzuführen seien. Diese Vermutung bleibt je-

---

Mursili II. nach HW^2 A antuḫša- mit Lit.): ^{D}UTU-e iš-ḫa-mi ḫa-an-da-an-za ḫa-an-ni-eš-na-aš / iš-ḫa-aš ne-pí-ša-aš da-a-ga<-an>-zi-pa-aš-ša LUGAL-u-e "O Sonnengott, mein Herr, gerechter Herr des Gerichts, des Himmels und der Erde König!"

4) Die Ergänzung [ḫanni]t??taluaš "Gerichtsgegner" zu ḫanna- "richten, entscheiden" ist ganz unsicher; denn (althethitisch) würde man in diesem Fall *ḫannattalla- oder *ḫanneškattalla- erwarten. Friedrich HG S. 28 ergänzt hier [GIŠ-ru-i ^{GIŠ}ḫa-a]t-tal-ṷa-aš. Vgl. auch CHD III. 1 S. 58 f. Tischler, HEG I S.148.

doch fraglich, denn die Ausdrücke des Hethitischen und Akkadischen stimmen semantisch nicht immer überein (z.B. bedeutet Beisp. III 4 sicher nicht "Mörder", sondern etwa "Familienoberhaupt", zuständig für die Entscheidung der Bestrafung eines Mordes).

III - 3 Der Genitiv mit _išḫa-_ kommt sonst noch als Berufs- bzw. Funktionärsbezeichnung[5] vor:

7. (t)]u-uz-zi-i̯a-aš iš-ḫé-eš "des Heeres Herren"
   KBo III 46 + Vs. 38' (ergänzt nach KBo III 53 + XIX 90 Vs. 8'); ibid. Vs. 34' tu-uz-zi-i̯a-aš EN-aš.
8. É-aš _BE-LU_$^{\text{MEŠ.}\underline{\text{TIM}}}$ (heth. parnaš išḫaš) "des Hauses Herren"
   KUB XXIX 1 III 41.

Genitivverbindungen dieser Art sind reichlich im Junghethitischen bezeugt (s. Pecchioli Daddi, Mestieri, professioni e dignità nell'Anatolia Ittita S. 477 ff.).

---

5) Die Genitivverbindung GAL _ŠA_ GEŠTIN für den Titel GAL.GEŠTIN(heth. Lesung unbekannt) ist einmal in KBo III 35 14' bezeugt.

IV. GENITIV DES BEREICHES[1]

IV - 0 Der Genitiv des Bereiches gibt den (meistens örtlichen) Bereich an, dem der im Regens stehende Begriff zugehört (Typ: nepišaš ^{D}IŠKUR-aš "des Himmels Wettergott"). Innerhalb der Indogermanistik wird dieser Genitivtyp gewöhnlich unter derselben Kategorie, die das Besitzverhältnis bezeichnet, angeführt und besprochen (Delbrück, Grdr^{2} III.1 S. 342 ff.; Krahe, Grundzüge der vergleichenden Syntax der indogermanischen Sprache S. 71 f.; Leumann - Hofmann - Szantyr, Lateinische Grammatik II.1 S.59 f.). In der Tat gibt es gewisse Ähnlichkeiten und Gemeinsamkeiten zwischen den beiden Genitivtypen, wie im folgenden gesagt werden soll. Jedoch ist die Bedeutungsdifferenz zwischen den beiden auch unverkennbar:

Genitiv des Besitzers

Besitzverhältnis (Personen --- Sachen)
(Personen --- Personen)

Genitiv des Bereiches

Zugehörigkeit der Personen oder der Sachen
zu einem bestimmten Bereich (Raum).

Mir ist natürlich nicht entgangen, daß die Genitive des Besitzers und des Bereiches sehr eng miteinander verwandt sind. Um die Ähnlichkeiten und zugleich Unterschiede zu beleuchten, scheint es aber angebracht, den Genitiv des Bereiches vom Genitiv des Besitzers getrennt zu behandeln:

---

1) Ciantelli nennt diesen Genitivtyp Genitiv der Zugehörigkeit (Mat.heth.Thes Lfg. 7-9 Nr. 6 S. 9) und Starke genitivus pertinentiae (StBoT 23 S. 173).

Da die Beziehungen zwischen den beiden Substantiven je nach dem Sinne verschieden gestaltet sind, empfiehlt es sich hier, die Belegstellen nach der lexikalischen Bedeutung von dem im Genitiv erscheinenden Begriff anzuführen:

1. Geographische Begriffe
2. Ortsnamen
3. Gebäude und Gebäudeteile
4. Körperteile
5. Sonstiges.

Die Einordnung der Belege in jeder dieser Gruppen erfolgt genauso wie beim Genitiv des Besitzers.

Belege

1. Geographische Begriffe

aruna-

1. nu-uš a-ru-na-aš ir-ḫu-uš (ir-ḫu-u-uš) i-e-it
   "Er machte sie (die Länder) zu Grenzen des Meeres"
   TelErl I 8, 17f., 27;
   vgl. KUB III 85 I 8 (akkadisch)
   ù KUR.KUR^{tim} a-na ZAG A.AB.BA e$^{!}$[-pu-uš
   (dazu Hoffmann, THeth 11 S. 13[4]).

luli-

2. e-di lu-ú-li-aš ar-ḫi "jenseits an der Grenze des Teiches" KBo XVI 49 I 9' (ursprgl. ah.).
3. ^{D}IŠTAR-aš lu-ú-li-aš KÁ.GAL-az "aus dem Tor des Teiches der Ištar" KBo XVI 49 I 6'(ursprgl. ah.)
4. lu-li-i̯a-aš MUŠEN-i[n an-na-nu-uḫ-(ḫa-an)
   "dem [gezäh]mten (o.ä.) Vogel des Teiches"

HG § 119 KBo VI 14 + 18 (e) I 6' (ergänzt nach KUB XXIX 36 + (q) Vs. 7').

gimra-

5. GUD$^{ḪI.A}$ UDU$^{ḪI.A}$ gi-im-ra-aš-ša-aš
"Rinder (und) Schafe seines Feldes" HG § 53 A III 9;
vgl. D 15" GUD$^{ḪI.A}$ UDU$^{ḪI.A}$ LÍL-aš-ša-aš
6. ták-ku gi-im-ra-aš-ša-aš 10 SAG.DU
"Wenn zu seinen Feldern 10 Köpfe (gehören)"
HG § 53 A III 8 = B III 10 = D 14";
vgl. Beisp. IV 5.
7. gi-im-ra-aš ^{D}IŠKUR-aš "des Feldes Wettergottes"
KUB VIII 41 (StBoT 25 Nr. 109) II 12';
KUB XXXI 143a + VBoT 124 (= StBoT 25 Nr. 111) II 4'(erg.).

nepiš-

8. ne-pí-ša-aš ^{D}IŠKUR-aš "des Himmels Wettergott"
KBo III 22 Rs. 51.
ni-pí-[š]a-aš ^{D}IŠKUR KBo XVIII 151 Vs. 5.
9. ne-pí-ša-aš ^{D}IŠKUR-na-aš (Gen. des Besitzers) É-ir
"des Himmels Wettergottes Haus" KBo III 22 Rs. 56.
10. [n]e-pí-ša-aš ^{D}IŠKUR-ni "dem Wettergott des Himmels"
KBo III 22 Vs. 20.
11. n[e-e-pí-š]a-aš ^{D}UTU-uš "des Himmels Sonnengott"
KBo XVII 7 + IBoT III 135 + (StBoT 8 S. 40) IV$^{?}$7'.
12. ne-e-pí-ša-aš ^{D}UTU-i "dem Sonnengott des Himmels"
StBoT 8 II 4.

tekan-

13. ták-na-aš ^{D}UTU-uš "der Erde Sonnengott"
(neben nepišaš ^{D}UTU-uš) KBo XVII 7 + IBoT 135 + (StBoT

8 S. 40) IV$^?$ 8'; KBo XII 63 Rs. 6',9'(tá̆k-na$^!$ ^{D}UTU-aš)

u̯attaru-

14. u̯a-at-ta-ru-aš (u̯a-at-ru-aš) an-na-aš
"der Quelle Mutter" (als unter den Göttern gebräuchlicher Name für die Göttin, deren Namen unter den Menschen Taḫattenuitti- lautet; CTH 733)
KUB XXXI 143a + VBoT 124 II 11'; KUB VIII 41 II 3';
KBo XXV 112 (= StBoT 25 Nr. 112) III 8' [u̯a-at-]ta-ru-u̯a-ša an-na-aš).

A.ŠÀ

15. A.ŠÀ $^{ḪI.A}$-aš-ma lu-uz-zi "des Feldes Fron"
HG § XXXIX a KBo VI 4 IV 28.
16. A.ŠÀ-aš ZAG-an "die Grenze des Feldes"
HG § 168 KBo VI 13 (d) I 1;11 (b) IV 1';
vgl. KBo VI 26 (j) I 46 A.ŠÀ-an ZAG-an σχῆμα).

KUR

17. DINGIR^{MEŠ} <u>ŠA</u> KUR^{DIDLI} "Götter der Länder"
KBo XII 18 IV 5', 8', 12'.

2. <u>Ortsname</u>

18. ^{URU}Ar-za-ú-i-i̯a-aš (Ar-za-ú-i̯a-aš, [Ar-za-u̯]i$_5^?$-i̯a-aš) ut-ni-i̯a (ut-ni-e) "Arzawas Länder"
KBo III 46 + KUB XXVI 75 Vs. 42', 53'; KBo III 54.6'.
19. ^{URU}Ḫal-pa-aš NAM.RA^{MEŠ} a-aš-šu-uš-še-it
"Ḫalpas Zivilgefangene (und) sein Besitz" TelErl I 28;
ibid. I 30:
^{URU}KÁ.DINGIR.RA-aš NAM.RA^{MEŠ} a-aš-šu-uš-še-it.

20. $^{\text{[UR]U}}$Ḫal-pa-aš ^{D}IŠKUR-aš "Wettergott von Ḫalpa, Ḫalpas Wettergott" KBo III 40 Vs. 8'.

21. ^{URU}]Ḫa-at-tu-ša-aš ^{D}I-na-ri "der Inar(a) von Ḫattuša" StBoT 8 II 6;

^{URU}Ḫa-at-tu-ša-aš ^{D}I-na-ri-eš (Nom.Pl.) KBo XVIII 151 Vs. 11.

22. DUMU^{MEŠ} ^{URU}Ḫa-at-tu-ša-aš-ša "und die Söhne (Bewohner) von Ḫattuša" StBoT 8 II 10.

23. ^{URU}Ka-a-ta-pa-aš SAL.LUGAL-ri "der Königin von Katapa" StBoT 8 II 5.

24. LUGAL KUR ^{URU}Ki-iz-zu-u̯a-at-na-aš "der König des Landes Kizzuwatna" KUB XXXVI 108 Vs. 2.

25. ^{URU}Ku-uš-ša-ra-aš LUGAL-i "dem König von Kuššara" KBo III 22 Vs. 4.

26. ^{URU}Ne-e-ša-aš LUGAL-uš "Nešas König" KBo III 22 Vs. 4.

[^{URU}N]e-e-ša-aš LUGAL-un (Akk. Sg.) KBo III 22 Vs. 7.

3. <u>Gebäude(teil)</u>

$^{\text{(É)}}$ḫilammar

27. ŠAḪ ḫi-[(la)]-an-na-aš "Schwein des Torbaus" HG § 82 A IV 18; B IV 13;

vgl. UR.GI$_7$ ḫi-la-an-na-aš "Hund des Torbaus" HG § 89 B IV 26; E 9'.

^{É}ḫešta/ḫišta-

28. ^{É}ḫi-iš-ta-a-aš ḫi-lam-ni "im Torbau des <u>ḫ</u>.-Hauses" KBo XXV 29 (= StBoT 25 Nr. 29) Vs.$^{?}$ II 5';

Vgl. jh. Dupl. KBo XXV 30. 12'' ^{É}ḫé-eš-ta-a$^{!}$ ḫi-lam-ni.

$^{(É)}$mak(kiz)i̯a-

29. (^{É}ma-a)]k-zi-i̯a-aš a-aš-ki "am Tor des m.-Hauses"
KBo XXV 17 (= StBoT 25 Nr. 17) I 5 (ergänzt nach jh. Dupl. KBo XXV 18 I 7').

30. ma-a-ak-ki-iz-zi-i̯a-aš šu-u-uḫ-ḫi[(-)
"auf dem Dach des m.-Hauses" KBo XX 8 (= StBoT 25 Nr. 26) Vs.? I 8'.

pir,parn-(É)

31. NA_4-an (Gen. des Stoffes auf -an) pár-na-aš ḫi-lam-ni
"am Torbau des Hauses der Steine (des Steinhauses)"
KBo XVII 15 (= StBoT 25 Nr. 27) Rs.! 12'.

32. pár-na-aš ^{LÚ}MAŠKIM "des Hauses Kommissar(?)".
KBo XXV 106 (= StBoT 25 Nr. 106) 5'.

33. DINGIR^{LIM} É-aš KÁ!-x["des Gotteshauses Tor"
KBo XVII 13 + XXV 68 (= StBoT 25 Nr. 68) Rs. 17.

34. [ar-za-]na-aš É-na-aš K[Á(-) "des a.-Hauses T[or(?)"
KBo XVII 13 + XXV 68 Rs. 1.

35. ŠA É^{TIM} SAL^{TUM} -m[a "des Hauses Frau ab[er"
HG § XXV KBo VI 4 II 25'.

ARÀḪ

36. ARÀḪ-ša[ḫal-ki-(i)n "und des Speichers [Getre]ide"
HG § 96 B IV 48 (A IV 49").
HG § 97 B IV 50 ARÀḪ-aš-ša [ḫal-ki-in].

4. Körperteile

37. ḫar-aš-ša-na-aš GIG-an "des Kopfes Krankheit"
KUB XXIX 1 II 20; ibid.:
kar-di-i̯a-aš GIG-an "des Herzen Krankheit" II 35;

ŠÀ-aš GIG-an II 22;

gi-nu-u̯a-aš GIG-an "der Knie Krankheit" II 22.

38. ta ka-lu-lu-pu-uš-mu-uš ga-a-pí-ni-it ḫu-la-a-li-e-mi

/ ŠA QA-TI-ŠU-NU

"Dann umwickle ich ihre Finger mit dem Faden, (und

zwar) ihrer Hände" StBoT 8 IV 26 f.

5. Sonstiges

39. ḫal-ki-aš (ḫal-ki-i̯a-aš) ḫar-ša[(-a-a)]r (Pl.) . . . . . /

[Z]ÍZ$^{\text{ḪI.A}}$-aš-š[(a)] ([ZÍZ^{Ḫ}]$^{\text{I.A}}$-aš-ša) ḫar-ša-a-ar-ra

StBoT 8 IV 19 f.;

ḫal-ki-i̯a-ša ZÍZ$^{\text{ḪI.A}}$-ša (ZÍZ$^{\text{ḪI.A}}$-aš-ša) ḫar-ša-a-ar-ra

StBoT 8 IV 32.

40. ta-a-an pí-e-da-aš (da-a-an pí-e-da-a[n], Gen. auf -an)

DUMU^{RU} "Sohn zweiten Ranges" TelErl II 37.

41. t]up-pí-aš ut-ta-a-ar "der Tafel Worte"

KUB XXXVI 106 (+) Rs. 5.

42. ^{GIŠ}GEŠTIN-aš ^{GIŠ}ma-aḫ-la-an "des Weinstocks Rebe"

KUB XXIX 1 IV 13;

vgl. Dupl. HT 38 II/III 7' ^{GIŠ}GEŠTIN ^{GIŠ}ma-aḫ-la-an

σχῆμα ?).

Auswertung

IV - 1 Die Begriffe, die im Genitiv des Bereichs erscheinen, stimmen zum großen Teil mit denen im Lokativ überein (dazu Starke, StBoT 23 S. 65 f.). Daß der Genitiv des Bereichs unter Umständen mit dem Lokativ auch bedeutungsverwandt ist, könnte das folgende jh. Beispiel zeigen, wo der Genitiv des Bereichs vielleicht durch den Lokativ ersetzt worden ist.

nu ŠA É.ŠÀ KÁ-aš ku-i-uš/a-ra-aḫ-za pí-ra-an 2 GIŠKAK
u̯a-al-aḫ-zi "und welche 2 Pflöcke er draußen vor der Tür des Innengemachs (ein)schlägt" KUB IX 22 II 40 f.
Dupl. KBo XXX 1. 13'f.:
nu É.ŠÀ-ni KÁ-a[š]
[X a-ra-a]ḫ-za 2 GIŠ[ ].

Wegen des leider schlecht erhaltenen Duplikates mit dem Lokativ läßt sich nicht darüber entscheiden, ob ŠA É.ŠÀ KÁ-aš bedeutungsmäßig genau É.ŠÀ-ni KÁ-aš[2] entspricht, d.h. hier ein "adnominaler" Lokativ vorliegt. Es besteht auch die größere Wahrscheinlichkeit, É.ŠÀ-ni KÁ-aš[3] als partitive Apposition (s. unten IV - 2) zu interpretieren.

---

2) Vgl. KUB XXXIII 62 III 7' (jh.) I-NA É.ŠÀ KÁ-aš pí-ra-an "vor der Tür im Innengemach".

3) Bei KÁ-aš handelt es sich dann um plurale tantum im D.-L. (dazu s. Kammenhuber, HW^2 A S. 417).

Ziemlich dieselben Begriffe wie im Genitiv des Bereichs finden sich auch im Ablativ (dazu Melchert, Ablativ and Instrumental S. 149 ff.). Besondere Beachtung verdient hier das folgende Beispiel

ne-pí-iš-za-aš-ta ^{D}IŠKUR-un-ni a-aš-šu-uš e-eš-ta
KBo III 22 Vs. 2.

Die Frage, ob es sich bei der Form ne-pí-iš-za-aš-ta um einen Genitiv "Dem Wettergott des Himmels war er lieb" oder um einen Ablativ "Dem Wettergott aus dem Himmel war er lieb" handelt, ist noch nicht entschieden (Kammenhuber, HW^2 A S. 465a; Melchert, a.a.O. S. 157 f.[Ablativ]; Kronasser, EHS S. 93; Neu, StBoT 18 S. 47 ff. [Genitiv]). Die Schwierigkeiten liegen hauptsächlich darin, daß das Beispiel so singulär ist und demzufolge nichts Vergleichbares hat. Wenn die Interpretation von ne-pí-iš-za-aš-ta als Ablativ zutrifft, mag hier vielleicht ein Ablativ vorliegen, der den Genitiv des Bereichs vertreten kann. Jedoch läßt sich das wegen der Singularität des Beispiels nicht beweisen. Auf jeden Fall wären derartige Lokativ- und Ablativvarianten - falls überhaupt richtig gedeutet - ganz seltene Ausnahmen; denn die Beziehung zwischen dem Genitiv des Bereichs und dem Regens scheint so wesentlich und allgemein gestaltet zu sein, daß der Genitiv des Bereichs nicht durch andere Kasus wie Lokativ und Ablativ, die ihre eigene bestimmte Funktion haben, ersetzt werden könnte. Außerdem muß man sich natürlich darüber im klaren sein, daß der Lokativ und Ablativ in der Regel eng mit dem verbalen Prädikat zu tun haben, während der Genitiv sich ausschließlich auf sein übergeordnetes Wort bezieht (vgl. Ciantelli, a.a.O. S. 9).

Die Stellung des Genitivs des Bereichs entspricht der des Genitivs des Besitzers. Der Genitiv des Bereichs steht also immer vor seinem Regens, wenn dieses phonetisch oder halbideographisch (Ideogramm mit hethitischen Komplementen) geschrieben ist. Nur bei rein ideographischer Schreibung wird der Genitiv nachgestellt (Beisp. IV 5, 17, 22, 24, 27). Ein besonderer Fall ist Beisp. IV 38, wo der Genitiv ŠA QA-TI-ŠU-NU "ihrer Hände" vermutlich zwecks Betonung hinter das Verbum gestellt ist.[4)]

Beim Genitiv des Bereichs ist das enklitische Possessivpronomen nicht dem Regens zugefügt, wodurch dieser Genitivtyp sich vom Genitiv des Besitzers unterscheidet. Ausnahmsweise tritt das enklitische Possessivpronomen beim zweiten von zwei nebeneinander stehenden Regentia (NAM.RA^{MEŠ} aššu-ššet) im Beisp. IV 19 auf, wahrscheinlich um aššu- als Substantiv "das Gut, der Besitz" vom Adjektiv aššu- "gut, lieb" mit Hilfe des Possessivpronomens deutlicher zu unterscheiden (vgl. Kammenhuber, HW^2 A S. 496 f.) und zugleich die Beziehung zwischen dem Genitiv und dem Regens klar zu machen.

IV - 2 Der Genitiv des Bereichs ist insofern auch durch eine partitive Apposition ersetzbar, als vom Ganzen (Genitiv) und dessen Teil (Regens) die Rede ist (Beisp. IV 16, 42[?]). Wie beim Genitiv des Besitzers sind nur wenige partitive Appositionen bezeugt, die statt des Genitivs des Bereichs eintreten können:

---

4) Solcher Nachstellung des Genitivs begegnet man im Althethitischen noch einmal (beim Genitiv des Stoffes, Beisp. VI 14).

^{É}m(a-a)]k-zi-i̯a tu-un-na-ak-ki-i[š-na
"in das m.(-Haus), in das Innengema[ch]" für
"in des m.(-Hauses) Innengemach" KBo XXV 17 I 3.
(ergänzt nach jh. Dupl. KBo XXV 18 I 4');
vgl. KUB XXXIV 71 I 4' (jh.) ^{É}ma-ak-zi-i̯a tu-u[n-na-ak-.

pár-na lu-ut-ti-i̯a "zum Haus, zum Fenster" = zu des Hauses Fenster" KUB XXIX 1 II 12 (Dupl. XXIX 2. 4').

Es bleibt unsicher, ob GIŠ-ru kat-ta-an 1^{EN} 5 al-ki-iš-ta-aš-š[(i-i)]š StBoT 8 IV 16 als partitive Apposition "5 Äste eines einzigen Baumes (sind) unten" (Starke, StBoT 23 S. 166, 176) oder als zwei Nominalsätze "Ein Baum (ist/steht) unten; 5 (sind) seine Äste" (Otten-Souček, StBoT 8 S. 37; Puhvel, HED 1-2 S. 35) zu verstehen ist. Ginge es hierbei wirklich um eine partitive Apposition, dann würde es den sehr seltenen Fall darstellen, wo die partitive Apposition, die mit dem Genitiv des Bereiches in Konkurrenz steht, mit dem enklitischen Possessivpronomen belegt wäre. Eine solche Erscheinung von enklitischem Possessivpronomen ist mir sonst nur noch einmal aus dem Appu-Märchen KUB XXIV 8 I 8'f. (Jheth. [13. Jh.]) bekannt:

^{URU}Lu-ul-lu-u̯a-i̯a-aš-ša-[a]n KUR-e a-ru-ni / ZAG-ši e-eš-zi "und das Lulluu̯a-Land ist am Meere, an seiner Grenze (= am Ufer des Meeres)".

IV - 3 Im Althethitischen ist der Genitiv des Bereiches in Prädikat-Stellung bisher nur einmal bezeugt:

ták-ku gi-im-ra-aš-ša-aš 10 SAG.DU 7 SA[(G.DU LÚ ^{GIŠ}TUKUL da-a-i)] / Ù 3 SAG.DU LÚ ḪA.LA-ŠU da-a-i (Beisp. IV 6)

"Wenn zu seinen Feldern 10 Köpfe/Personen (gehören), nimmt der T.-Mann 7 Köpfe und sein Teilhaber 3 Köpfe."

Der Genitiv des Bereichs als Prädikat steht hier vor dem Subjekt. Die Voranstellung des prädikativen Genitivs findet sich auch im Junghethitischen; so z.B.:

ḪUR.SAG Ma-li-ma-li-ia-aš an-na-la-za DINGIR MEŠ-tar Ú-UL e-eš-ta "Des Gebirges M. war früher Götterbilder nicht = Das Gebirge M. hatte früher keine Götterbilder" KUB VII 24 Vs. 1.

ma-a-an-ua ki-el ŠA ÌR-IA (Gen. des Besitzers) e-eš-zi ku-it-ki "Wenn diesem meinem Sklaven etwas gehört" KUB XXXVI 127 Rs. 16'.

Im Gegensatz zum Genitiv des Besitzers kann der Genitiv des Bereiches in Prädikatstellung durch den prädikativen Dativ eigentlich nicht ersetzt werden. Im Junghethitischen, wo der prädikative Dativ zunehmend an Beliebtheit gewinnt und den Genitiv sogar zurückzudrängen scheint (vgl. Kap. II - 3), läßt sich aber der prädikative Dativ, der mit dem Genitiv des Bereiches vertauschbar ist, belegen (z.B. KBo XI 1 Vs. 33, 36 [Muwatalli]).

IV - 4 Zusammenfassend läßt sich folgendes über den Genitiv des Bereiches sagen:

1. Im Genitiv des Bereiches erscheinen vorwiegend Ortsbegriffe und Gebäude(teile), etwas, was auch im Lokativ und Ablativ der Fall ist. Die Frage, ob der Genitiv des Bereichs sich funktionell mit dem Lokativ und Ablativ überschneiden

kann, ist anhand des althethitischen Materials nicht zu beantworten.

2. Das enklitische Possessivpronomen tritt beim Regens des Genitivs des Bereiches nicht auf (im Gegensatz zum Genitiv des Besitzers).

3. Bei der Angabe des Ganzen und dessen Teils ist der Genitiv des Bereiches auch durch eine partitive Apposition vertretbar.

4. Der Genitiv des Bereiches kann auch in Prädikatsstellung auftreten. Er berührt sich aber in der Regel nicht mit dem prädikativen Dativ (im Gegensatz zu dem Genitiv des Besitzers).

5. Die Stellung des Genitivs des Bereichs stimmt mit der des Genitivs des Besitzers überein.

V. GENITIV DES ZWECKS

Eine Abart des Genitiv des Bereichs stellt der sogenannte Genitiv des Zwecks dar, bei dem das übergeordnete Wort zweckmäßig für den durch den Genitiv bezeichneten Gegenstand bestimmt ist (Typ ginuu̯aš GADḪI.A "der Knie Tücher = Knietücher). Bei den bisherigen Untersuchungen zur hethitischen Kasussyntax ist diese Genitivart nicht beachtet worden; sie ist erst von Ciantelli als selbständige Genitivkategorie angeführt worden (Mat.Heth.Thes Lfg. 7-9 Nr. 6 S. 10 f.). Im Althethitischen sind folgende Typen als Genitiv des Zwecks zu betrachten:

1. ḫal-ki-aš ARÀH-an "des Getreides Speicher (= Getreidespeicher)" HG §§ 96, 97 A IV 49'', 51'', B IV 48, 50 (ḫal-ki-i̯a-aš).
2. ḫa-at-ta-lu-aš (ḫa-at-ta-lu/tal-u̯a-aš) GIŠ-i (GIŠ-ru-i) "dem/am Holz des Riegels (=Riegelholz)"
3. gi-nu-u̯[a-a(š GADḪI.A) "der Knie Tücher (= Knietücher)" KBo XX 12 + (= StBoT 25 Nr. 25) I 10 (ergänzt nach StBoT 12 I 10); KBo XXV 40 (= StBoT 25 Nr. 40) 3'. KBo XX 8 (= StBoT 25 Nr. 26) Vs.? I 18'.
4. kur-ša-aš É-ir-za "aus dem Haus des Vlieses" KBo XX 5 + XXV 12 + (= StBoT 25 Nr. 12) II 18'; KBo XX 33 + (= StBoT 25 Nr. 19) Vs. 16.
5. (pa-ta-a-a)]n-na (Gen. auf <u>-an</u>) GIŠGÌR.GUB (neben ginuu̯aš GADḪI.A) "der Füße Schemel (= Fußschemel)" KBo XX 12 + I 10 (ergänzt nach StBoT 12 I 10);

pa-ta-a-na ^{GIŠ}GÌR.GUB-iš KBo XX 8 Vs.$^{?}$ I 19'.

6. ša-aḫ-ḫa-na-aš A.ŠÀ$^{HI.A}$ "des Lehens Felder (= Lehnsfelder)"

HG § 46 KBo VI 5 (C) IV 24;

vgl. B II 59 A.ŠÀ[$^{HI.A}$-an ša]-aḫ-ḫa-na "Felder (und) Lehen";

A II 38' (šaḫḫan fehlt).

7. GUD.MAḪ-aš ḫa-a-li "des Stieres Hürde (= Stierhürde)"

HG § 176 KBo VI 26 (j) II 21.

8. <u>ME-E</u> <u>QA-TI</u> "Wasser der Hand (= Handwasser)"

KBo XX 10 + (= StBoT 25 Nr. 59) I 13, II 10;

KBo XXV 73 (= StBoT 25 Nr. 73) lk. 4';

StBoT 12 III 11';

vgl. ki-iš-ra-aš u̯a-a-tar KBo XXI 90 Vs. 8' (ursprgl. ah$^{?}$);

ŠU^{MEŠ}-aš u̯a-a-tar KBo XIX 161 I 14', II 10' (jh.).

Als Genitiv des Zwecks könnten vielleicht auch Genitivverbindungen aufgefaßt werden wie

ar-za-na-aš É-ri/pár-na "im/ins Haus des <u>a.</u> (= Gasthaus?)[1]"

^{GIŠ}iš-ki-iš-ša-na-aš ^{GIŠ}iš-pa-ru-uz-zi[2]

"des <u>i.</u> (eine Art Hausgerät) ^{GIŠ}išparuzzi (Balken?)"

KUB XXIX 1 III 18.

tup-pa-aš pár-na "in der <u>t.</u>-Behälter[3] Haus"

KBo XX 7 + XXV 16 (= StBoT 25 Nr. 16) Rs.$^{?}$ 11'.

UR]U$^{DIDLI.ḪI.A}$ <u>ŠA</u> É^{MEŠ} ^{NA_4}KIŠIB "Städte der Siegelhäuser"

TelErl III 17.

---

1) Kammenhuber, HW^{2}A S. 363 f.; Hoffner, Fs. Güterbock S. 113 ff.

2) Carruba StBoT 2 S. 23^{35a} "Brett zum Ausbreiten";
Kühne, ZA 62 S. 256 "die Balken".

3) Vgl. Neu, StBoT 26 S. 201 mit Anm. 586; sicher nicht zu <u>tuppi-</u> "Tontafel" mit Genitiv <u>tuppiaš</u>.

Wie die hier angeführten Belege zeigen, sind der Genitiv des Zwecks und dessen Regens in anderen idg. Sprachen (z.B. im Deutschen) als Nominalkomposita zusammengesetzt. Außer bei einigen (luwischen) Personennamen sind Nominalkomposita im Hethitischen nur selten.[4)]

Der Wechsel des Genitivs des Zwecks mit dem adnominalen dativus finalis (Ciantelli, a.a.O. S. 11, z.B. šeḫellii̯aš u̯atar "der Reinheit Wasser" --- šeḫillii̯a u̯atar "Wasser zur Reinheit") läßt sich im Althethitischen bisher noch nicht belegen.

4) S. dazu Kammenhuber, KZ 77 S. 161-218 "Nominalkomposition in den altanatolischen Sprachen des 2. Jahrtausends".

VI. - IX. DEFINITIONEN

Im Grunde genommen gehören die folgenden vier Genitivarten (Gen. des Stoffes [materiae], Gen. der Menge [quantitatis], Gen. des Inhalts und genitivus partitivus Kap. VI - IX) zu derselben Genitivkategorie. Sie dienen dazu, den stofflichen Inhalt des übergeordneten Wortes zu definieren (auf die Frage: "wie, woraus/worin bestehend?[1]). Dabei ist zu unterscheiden, ob der im Genitiv stehende Begriff das übergeordnete Wort ganz betrifft,

Genitiv des Stoffes

Genitiv der Menge

oder die beiden zwei verschiedene (und trennbare) Begriffe vertreten,

Genitiv des Inhalts

oder jeder von den beiden als Ganzes und dessen Teil gedacht ist,

genitivus partitivus.

Der Genitiv des Stoffes bezeichnet das Material, aus dem ein Gegenstand (Regens) hergestellt wird (Typ: ḫalinaš zeri "Becher aus Lehm"). Beim Genitiv der Menge handelt es sich um Maß- und Quantitätsangaben (Typ: ateš ZABAR ŠA 3 MA.NA KI.LAL "Ein Beil aus Bronze von 3 Minen Gewicht").

Den Genitiv des Inhalts, der zur Angabe des Gefäßes (Regens)

---

1) In der Indogermanistik werden diese vier Genitivtypen gewöhnlich unter derselben Kategorie (gen. partitivus oder Gen. des geteilten Ganzen) eingeordnet.

und dessen Inhaltes (Genitiv) dient(Typ: GEŠTIN-aš išpanduziaššar "ein Libationsgefäß (des) Weines"), weist man gewöhnlich dem genitivus partitivus zu. Diese Auffassung beruht darauf, daß der durch den Genitiv bezeichnete Gegenstand (meistens eine Flüssigkeit) als Gesamtbegriff (Ganzes) und das Gefäß als dessen Teil, d.h. der ein bestimmtes Gefäß enthaltende Gegenstand als Teil von dessen Gesamtem betrachtet werden soll. Wenn man aber davon ausgeht, daß das Gefäß mit dem Inhalt eine Einheit bildet, so ist der Inhalt vielmehr als "Teil" vom Gefäß zu verstehen (d.h. der Teilbegriff im Genitiv und der Begriff des Ganzen im Regens vertreten, genau umgekehrt wie bei Syntagmen mit normalen partitiven Genitiven). Ferner besteht noch eine Möglichkeit, daß hier nicht vom Ganzen des Inhalts direkt nichts mit dem genitivus partitivus zu tun hat. Die Entscheidung ist in diesem Fall sehr schwierig und bleibt mehr oder weniger vom subjektiven Ermessen abhängig. Aber schon aus der Tatsache, daß es sich bei der Konstruktion mit dem Genitiv des Inhalts um zwei inhaltlich verschiedene Begriffe handelt, sieht man darin besser eine andere Unterart des Genitivs.

Vorerst scheint der "reine" genitivus partitivus, bei dem das übergeordnete Wort als Teil des im Genitiv stehenden Begriffs gedacht ist (Typ: ŠA ^{LÚ}URUDU.NAGAR Ú-UL ku-iš-ki "Niemand der Metallarbeiter"), im Hethitischen wenig vertreten zu sein (s. Sommer, HuH S. 69).

Bei der Behandlung dieser vier Genitivtypen werden die Belege am Anfang jedes einzelnen Kapitels geboten, worauf jeweils die Auswertung folgt. Die Belege sind in derselben Weise wie beim Genitiv des Besitzers und des Bereichs angeordnet.

VI. GENITIV DES STOFFES (materiae)

Belege

ḫalina-

1. ḫa-li-i-na-aš te-eš-šum-mi-uš "Becher aus Lehm"
   StBoT 8 I 26';
   ḫa-li]-i-na-aš te-eš-šu-mi-uš (te-eš-šum-mi-iš!)
   [(i)]-e-mi (i-i̯a-mi) "Die Becher aus Lehm mache ich"
   StBoT 8 III 23;
   vgl. (ti-iš)-š]u-um-mi-in-n[(a)] (ti-iš-šum-mi-i[n-n]a)
   ḫa-li-i-na-aš (Nachstellung) StBoT 8 III 31.
2. ḫa-li-i-na-aš zi-e-ri (GAL-ri) "Becher aus Lehm"
   StBoT 8 IV 34.

šeppit-

3. ZÍD.DA še-ip-pí-i[t-ta-aš "Mehl aus š.-Getreide"
   Bo 3123 (= StBoT 25 Nr. 80) IV 2'
   KBo XXV 79 (= StBoT 25 Nr. 79) Rs.? IV 2' (erg.)
   vgl. IBoT II 93 Vs. 10' (jh.) ZÍD.DA ŠA še-ip-pí-it-ta-aš.
4. [me-e-ma-]al še-ip-pí-da-aš "[Grütz]e aus š.-Getreide"
   KBo XVII 36 + XXV 54 + (= StBoT 25 Nr. 54) IV 5'.

šumessar

5. šu-me-eš-na-aš me-e-ma-a[l] "Grütze aus Bohnen"
   KBo XVII 15 (= StBoT 25 Nr. 27) Rs.! 14'.

šuli-

6. iš-tap-pu-ul-li-še-ta šu-li-i-aš "sein Deckel (ist) aus Blei" StBoT 8 IV 35;
   vgl. iš-tap-pu-ul-li-iš-me-it / A.BÁR-aš

KUB XVII 10 IV 15 f. (TelMyth); XXXIII 3.7'; 8 III 8'; 66 II 10'.

u̯il(a)na-

7. 1^{EN} ši-i-na-an ú-i-il-n[(a-a)]š (ú-il-na-a-aš) ša-lu-i-ni-it [ ] "eine Figur aus Lehm mit š. [ ] " oder "eine Figur mit š. aus Lehm" StBoT 8 IV 18;
vgl. ši-]i-na-an-na ú-il-n[a-a-aš
KBo XVII 2 (StBoT 8 S. 16) I 10'.

8. ú-i-il-na-aš (ú-il-na-a-aš) ERÍN^{MEŠ}-an "Truppe aus Lehm" StBoT 8 III 8;
ú-ga ú-i[(-il-na)-aš (ú-il-na-[a-aš]) ER(ÍN^{MEŠ}-an i-i̯a-mi)] "ich mache die Truppe aus Lehm" StBoT 8 II 20.

9. ú-i-il-na-aš GUD-un "Rind aus Lehm" StBoT 8 I 41'.

AN.BAR

10. la-a-la-an AN.BAR-aš "Zunge aus Eisen" StBoT 8 I 18';
la-a-li-eš AN.BA[R-aš KBo XVII 2 (StBoT 8 S. 16) I 4';
la-a-lu-uš AN.B[AR-aš? StBoT 8 II 11.

11. [AN.B]AR-aš ne-e-pí-iš 1^{EN} ki-it-ta
URUDU-aš-ša 1^{EN} ki-it-ta
"Ein Himmel aus [Ei]sen liegt, und einer aus Kupfer liegt (bzw. beide Male: ist gelegt)"
StBoT 8 I 8'.

12. AN.BAR-aš tu[-u-ri "Sp[eer(?)] aus Eisen"
KBo XXV 28 (= StBoT 25 Nr. 28) Rs.? III 4'.

13. ALAM-iš-ši NAGGA-aš i-e-ir ŠAG.DU-ZU AN.BAR-aš / i-e-ir "Sie machten ihm eine Statue aus Zinn. Sein Haupt aus Eisen machten sie." KUB XXIX 1 II 52 f.;
vgl. ŠAG.DU-ZU AN.BAR[-(aš)] "Sein Kopf (ist) aus Eisen"

KBo XIII 122 + KUB XX 54 Rs. 7[jh.] (ergänzt nach KUB LV 2 Rs. 4).

GIŠ

14. 2 ^{D}Ḫa-an-ta-še-pu-uš ḫar-u̯a-ni GI[(Š-aš)]
"Zwei Ḫantašepa-Gottheiten aus Holz halten wir"
StBoT 8 I 22'.

GUŠKIN

15. GUŠKIN-aš ḫa-lu-u̯a-na-a[š/n$^{?}$ "Ein h. -Gefäß aus Gold
KBo XII 3 III 14'.

16. GUŠKIN-aš ta-a-pí-še-na-an[2] "t.-Gefäß aus Gold"
KUB XLIII 28 (= StBoT 25 Nr. 77) Rs.$^{?}$ III 8';
[Gu]ŠKIN-aš ta-pí-ša-na-x[
KBo XX 18 + XXV 65 (= StBoT 25 Nr. 65) Vs.$^{?}$ I 5'.

17. ^{GIŠ}ḫu-u-la-li 1 ^{GIŠ}BAL[3] ŠA GÍN GUŠK[IN]
"Spinnrocken (und) eine Spindel aus 1 Sekel Gold"
KUB XLIII 60 IV 6', (jh.)
vgl. l<a->ra-am-ni-iš/ŠA KÙ.BABBAR 1 GÍN
"ein a. aus 1 Sekel Silber" AlT 454 II 15'f.

18. GAL GUŠKIN-a[š] "Becher aus Gold"
KUB XXXVI 110 (= StBoT 25 Nr. 140) Rs. 6'.

IM

19. IM-aš ta-a-pi[-ša- "t.-Gefäß aus Lehm"
KBo XVII 25 (= StBoT 25 Nr. 138) Rs.$^{?}$ 8'.

20. $^{GI]Š}$BANŠUR IM-aš "Tisch aus Lehm"
KBo XXX 39 + (KUB XXXV 164 + KBo XXV 139) [= StBoT 25 Nr. 139] Rs. 24.

21. GUD$^{ḪI.A}$-uš IM-aš "Rinder aus Lehm" KBo XXX 39 + KUB XXXV 164 + Rs. 15.

---

2) Friedrich, HW 212 "Krug?".
3) Heth. $^{(GIŠ)}$ḫu̯eša-, wozu s. Oettinger, StBoT 22 S. 64 ff.

22. MAR.GÍD.DA IM-aš "Lastwagen aus Lehm"
KBo XXX 39 + KUB XXXV 164 + Rs. 14, 15;
MAR.GÍD.]DA IM-aš i-i̯[a-mi KBo XVII 25 Rs.$^{?}$ 9';
vgl. L]UGAL-an IM-an (Gen. auf -an??) i-i̯a-mi
"einen König (-an statt -un verschrieben!) aus Lehm (??)
mache ich" KBo XXX 39 + KUB XXXV 164 + Rs. 16.

23. IM-aš ḫu-ḫu-ṷa$_{a}$-a-al-li[4] KBo XXX 39 + KUB XXXV 164 +
Rs. 18.

KÙ.BABBAR

24. KÙ.BABBAR-aš GIŠ-ru-ṷ[a-aš x] "[x] aus Silber (und)
Holz" KBo XXV 12 + (= StBoT 25 Nr. 12) I 10';
vgl. -r]a-an KÙ.BABBAR-aš GIŠ$^{ḪI.A}$-aš
"x aus Silber (und) Holz (bzw. Hölzern)"
KUB XLIII 29 II 8. (jh.)

NA$_4$

25. NA$_4$-an (Gen. auf -an) pár-na-aš (Gen. des Bereiches)
ḫi-lam-ni "Im Torbau des Steinhauses"
KBo XVII 15 (= StBoT 25 Nr. 27) Rs.$^{!}$ 12'.

NAGGA s. bei AN.BAR.

URUDU s. bei AN.BAR.

ZÍZ

26. 50 ^{NINDA}ṷa-gi-eš-šar ZÍZ-aš "50 ṷ.-Brote aus Emmer"
KBo XIII 175 (= StBoT 25 Nr. 49) Rs. 2'.

27. ^{NINDA}ṷ]a-gi-eš-šar 10-li ZÍZ-aš KBo XXV 106 (= StBoT
25 Nr. 106) 6'.

---

4) Unbekannte Bedeutung. Palaisch?

Auswertung

VI - 1 Da der Genitiv des Stoffes in engerer Beziehung zu seinem Regens als andere Genitivarten steht, ist diese Genitivkonstruktion nur selten durch andere Satzteile unterbrochen. Im Althethitischen ist bisher nur eine Ausnahme (Beisp. VI 14) bezeugt, wo der Genitiv GIŠ-aš, von seinem Regens getrennt, hinter dem Verb steht (vgl. Beisp. IV 38). Für das enge Verhältnis des Genitivs des Stoffes zu seinem Regens spricht auch die Tatsache, daß Wortabstände bei Status-constructus-Verbindung (wie z.B. ^{GIŠ}ŠUKUR ZABAR "Lanze aus Bronze") meistens nicht markiert sind. Wegen dieser engen (untrennbaren) Beziehung ist die Konstruktion mit dem Genitiv des Stoffes nicht durch die partitive Apposition ersetzbar, obwohl hier von zwei verschiedenen Begriffen die Rede ist und man sogar den Stoff als Bestandteil des daraus hergestellten Gegenstandes bezeichnen kann.

VI - 2 Ebenso wie der freischwebende Genitiv (Kap. I - 2) der Genitiv des Besitzers (Kap. II - 3) und der des Bereiches (Kap. IV - 3) tritt der Genitiv des Stoffes auch in Prädikatstellung (Beisp. VI 6). Es ist hier wichtig zu unterstreichen, daß der prädikative Genitiv des Stoffes mit dem verbum substantivum eš-/aš- "sein" nicht belegt ist (m.W. auch nicht im Junghethitischen), während die anderen Genitivtypen in Prädikatstellung dagegen häufig mit eš-/aš- vorkommen. Die Frage, warum der Nominalsatz mit dem Genitiv des Stoffes ohne eš-/aš- konstruiert wird, läßt sich wohl dahingehend beantworten, daß der prädikative Genitiv des Stoffes eine wesentliche, d.h. zur Vervollständigung des Wesens des Subjektes notwendige Sache ausdrückt und die Aussage des Satzes von irgendwelchen Umständen ganz unabhängig und unveränderlich ist. Demgegenüber stellt der eš-/aš-Satz mit den anderen Genitivtypen ja hauptsächlich eine unter (zeitlichen) Umständen veränderbare Aussage dar (vgl. Beisp. II 3). Also wird man anzunehmen haben, daß es sich hierbei um zwei verschiedene Ausdrücke des prädikativen Genitivs handelt, nämlich

1. Gen. des Stoffes ... reiner Nominalsatz ... unveränderliche Aussage,
2. freischwebender Gen., Gen. des Besitzers und des Bereiches ... eš-/aš-Satz ... veränderbare Aussage.

Bei der zweiten Gruppe ist eš-/aš- im Präsenz oft ausgelassen, wodurch reine Nominalsätze entstehen (s. Friedrich HE I^2 § 195). In diesem Falle ist aber im Moment nicht genauer festzustellen, unter welchen Bedingungen eš-/aš- fehlen kann (oder soll)[5].

VI - 3 Beim Gebrauch des Genitivs des Stoffes darf nicht unerwähnt bleiben, daß dieser Genitiv von der Hauptregel (vgl. Kap. II - 1 - 1) abweichend oft hinter seinem Regens steht. Selbst wenn das Regens phonetisch oder halbideographisch geschrieben ist (Beisp. VI 1, 4, 7 [?], 10, 14, 21, 26, 27). Diese ungewöhnliche Wortstellung des Genitivs des Stoffes, auf die schon mehrfach hingewiesen worden ist (Sommer-Falkenstein, HAB 47[6]; Szabó, THeth 1 S. 78 ff.; Raman[-Justus],

---

5) Über den Unterschied zwischen dem reinen Nominalsatz und dem Satz mit dem verbum substantivum s. Benveniste, Problèmes de linguistique générale - Probleme der allgemeinen Sprachwissenschaft (deutsche Übersetzung) S. 169 ff.

The Old Hittite Relative Construction S. 79 f.), hat noch keine gültige Erklärung gefunden. Von fremdsprachigem Einfluß (Raman, a.a.O. S. 80) kann man hier wohl nicht sprechen, weil solche Entlehnung aus Fremdsprachen im syntaktischen Bereich schwer vorstellbar ist. Vielmehr ist der Grund dafür m.E. in Richtung auf die Funktion des Genitivs des Stoffes an sich zu suchen. Wegen seiner Funktion, den Herstellungsstoff eines Gegenstandes (Regens) anzugeben, ist der Schwerpunkt hier weit mehr als in anderen Genitivtypen auf das Regens gelegt, was die weitgehende Voranstellung des Regens und Nachstellung des Genitivs bedingt.

Diese Erklärung scheint auch dadurch bestätigt zu werden, daß die Nachstellung des Genitivs bei phonetischer (oder halbideographischer) Schreibung des Regens auch bei jenen Genitiven zu beobachten ist, die mit dem Genitiv des Stoffes sehr eng funktionsverwandt sind (Gen. der Menge: Beisp. VII 1, 2, 7, 8; Gen. des Inhalts: Beisp. VIII 6).

Selbst bei diesen Genitivtypen ist die Voranstellung des Genitivs allerdings häufiger als die Nachstellung. Und wie das Vorkommen von tiššumminn=a ḫalinaš und ḫalinaš teššummiuš (Beisp. VI 1) in demselben Text andeutet, handelt es sich hier gewissermaßen um freie Wortstellung, wobei keine feste Regel vorzuliegen scheint.

VII. GENITIV DER MENGE (quantitatis)

Belege

1. 2/3 DUG mar-nu-an ŠA 1 ḫu-up-pár[6]

   "2/3 Gefäße marnuan-Getränk(e) (im Maße) von 1 ḫuppar"

   KBo XVI 71 + XVII 14 + XX 4 + 16 + 24 + XXV 13

   (= StBoT 25 Nr. 13) I 20', II 3', 6';

   KBo XX 3 (= StBoT 25 Nr. 14) Rs. 15' (erg.)

   10 DUG ḫar-ši-iš ma[r]-nu-an ŠA 1 ḫu-up-pár

   KBo XVI 71 + XXV 13 + II 8';

   [1 DUG G]EŠTIN ŠA 3 ḫu-up-pár 1 DUG mar-nu-an

   [ŠA 3 ḫu-up-pár] KBo XVII 31 (= StBoT 25 Nr. 50) 6';

   1 DUG GEŠTIN ŠA 2 ḫu-u-up[-pár] / 1 DUG mar-nu-an ŠA

   2 ḫu-u-up-pár KBo XVI 49 IV 7'f. (ursprgl. ah.)

   1 DUG mar-nu-an ŠA 2 ḫu-u-up-pár-aš KBo X 31 IV 9',

   II 7' (jh.);

   GEŠTIN GIBIL ŠA 2 ÀM ḫu-up-pár KBo XVI 78 IV 6 (ursprgl.

   ah.) vgl.:

   1 ḫu-u-up-pár-aš KAŠ GEŠTIN[7] 1 ḫu-u-up-pár-aš mar-nu-an

   KBo XX 32 II 5 (jh.);

   [1 ^{DUG}ḫu-u-u]p-pár-aš mar-nu-a[n

   KUB LVI 46 + II 31' (jh.)

   1 ḫu-up-pár mar-nu-an KBo XX 4 + IV 1; KBo XX 27

   (= StBoT 25 Nr. 48) Rs.$^{?}$ 8';

---

6) Friedrich, HW S. 75 "Schale, Terrine, στάμνος (?)". S. ferner Kammenhuber, SMEA 14 S. 149; Singer, StBoT 27, S. 162 f.

7) Eine Art von Wein (Steiner, RLA III S. 307; Singer, StBoT 27 S. 157[25]) oder Bier (und) Wein (Kümmel, StBoT 3 S. 39[115]; Kammenhuber, Or 39 S. 563; Archi, OrAnt 12 S. 217[57]).

1 ḫu-up-pár KAŠ GEŠTIN 1 ḫu-up-pár [mar-nu-an]
KBo XXV 31 (= StBoT 25 Nr. 31) III 11'
(vgl. jh. KBo XX 32 II 5).
1/2 ḫu-up-pár mar-nu-an KBo XXV 23 (= StBoT 25 Nr. 23)
Rs. 8';
2 ḫu-up-pár KAŠ GEŠTIN 2 ḫu-u[p-pár mar-nu-an
KBo XX 5 + XXV 12 + ABoT 5 + (= StBoT 25 Nr. 12)
III 17', II 24';
2 ḫu-up-pár GEŠTIN KBo XXV 83 (= StBoT 25 Nr. 83) 4'.

2\. ma]r-nu-an ŠA 1 ḫu-up-pa-ra-an-ni
"m.-Getränk (im Maße) von 1 ḫupparanni"
KBo XX 2 + XXV 15 (= StBoT 25 Nr. 15) Vs.? I 8';
vgl.:
1 DUG KAŠ GEŠTIN ŠA 2 ḫu-up-pa-ra-an-ni [ ]/ 1 DUG
mar-nu-u̯a-an ŠA 2 ḫu-up-pa-ra-an-ni
KBo XVII 42 + KUB LVI 46 VI 22'f. (jh.);
3 DUG mar-nu-u̯a-an / ŠA 2 ÀM ḫu-u-up-pa-ra-an-ni
KBo XI 36 III 17'f., IV 4 (erg.) (jh.).

3\. ŠA ITU 3 KAM 12 PA ŠE ku-uš-ša-aš-še-it
"Sein Lohn für drei Monate [wörtl. dreier Monate] (ist)
12 Scheffel Gerste" HG § 158 KUB XXIX 29 + 30 (q) II 34';
vgl. ibid. II 33' ITU 3 KAM 30 PA-RI-S[I (ku-u)]š-ša-aš-
še-it;
KBo VI 26 (j) I 10
ŠA ITU 2 KAM 12 PA ŠE pa-a-i;
A-[(NA IT)]U 1 KAM 1/ 1/2 GÍN KÙ.BABBAR ku-uš-ša-aš-še-it
HG § 157, KUB XXIX 29 + 30 (q) II 28', 29', 30' (ku-uš-
ša-še-it); KBo VI 26 (j) I 1f., 3 f., 5 (ku-uš-ša-ni-eš /

iš-ši-it);

A-NA ITU 1 KAM 1 G[ÍN KÙ.BABBAR pa-a-i$^{?}$] HG § 151 q II 24', 25' (1/2 GÍN), die Ergänzung ist unsicher.

4. (ta)]-pu-ul-li ZABAR ŠA 1 [(MA.NA K)] I.LAL
   "ein tapulli aus Bronze von 1 Mine Gewicht"
   HG § 157 KUB XXIX 29 + 30 (q) II 30'; KBo VI 26 (j) I 4 (ZABAR fehlt).
5. (a-t)]e-eš ZABAR ŠA 3 MA.NA KI.LAL
   "ein Beil aus Bronze von 3 Minen Gewicht"
   HG § 157 KUB XXIX 29 + 30 (q) II 28', 29' (1 MA.NA 20);
   HG § 160 q II 37' (2 MA.NA);
   HG § 161 q II 38' (1 MA.NA);
   KBo VI 26 (j) I 1, 2 f., 14 f., 16 (KI.LAL.BI statt KI.LAL).
6. ŠA 1 ME MA.NA PISÀN URUDU
   "ein Abflußrohr aus Bronze von 100 Minen (Gewicht)!
   HG § 160 q II 36';
   vgl. KBo VI 26 (j) I 13 Š[A x] MA.NA URUDU PISÀN.
7. LÚ-na-aš [(ku-u)]š-š[(a-a)]n ŠA MU 1 [(KAM) x MA.NA (KÙ.BABBAR pa-a-i)] / S[(AL-š)]a-ma ku-uš-ša-an Š[A (MU 1 KAM)]40$^{?}$ GÍN[(K)Ù.BABBAR (pa-a-i)]
   "Als Lohn eines Mannes für ein Jahr (wörtl. eines Jahres) x Minen Silber gibt er. Als Lohn einer Frau für [ein Jahr] 40$^{?}$ Sekel Si[lber] gibt er"
   HG § 24 B I 64 f. (ergänzt nach A I 55'' ITU 1 KAM statt MU 1 KAM, ŠA fehlt).
8. ga-pí-nu-uš ŠA 1 TÚG "Fäden für ein Kleid"
   HG § 126, KBo VI 10 + 20 (a) II 15'; KUB XXIX 26 + 27 (o) 12' (ka-pí-nu-uš).

Auswertung

VII - 1 Wie Beisp. VII 1 f. zeigt, können das ḫuppar- und ḫupparanni-Gefäß auch als Maßbegriff (meistens für Getränke[8]) erscheinen, und zwar nicht nur im Genitiv, sondern auch gleichsam proleptisch wie z.B. 1/2 ḫuppar marnuan.

Es drängt sich hier die Frage auf, was eigentlich unter den häufig in religiösen Festen bezeugten Konstruktionen von Gefäß und Getränk scheinbar oder wirklich im gleichen Kasus (DUG GEŠTIN, DUG marnuan usw., meistens im Akkusativ) zu verstehen ist.

Diese Konstruktion, die Ciantelli unter dem Genitiv des Inhalts angeführt hat (Mat.heth.Thes Lfg. 7 - 9 Nr. 6 passim; vgl. auch Beisp. VIII 6), ist oft mit Zahlangaben versehen, wobei der Schwerpunkt überwiegend auf dem Getränk (und nicht auf dem Gefäß) zu liegen scheint. Dies legt den Gedanken nahe, daß dabei doch mindestens teilweise eine Art von Maßbezeichnung vorliegt. Diese Annahme bleibt allerdings deshalb etwas unbefriedigend, weil Genitivverbindungen wie *GEŠTIN ŠA 1 DUG oder *1 DUG-aš GEŠTIN m.W. nicht bezeugt sind (mit Ausnahme des ḫuppar- und ḫupparanni-Gefäßes).

Daß die Gefäß-Getränk-Konstruktion sich auch mit dem Genitiv des Zweckes berühren könnte, zeigen die folgenden junghethitischen Beispiele:

---

8) ḫuppar-Gefäß auch als Maßbegriff für Brot: z.B. 1 1/2 NINDA ḫu-u-up-pár-aš (KBo XI 36 III 7' [jh.]) s. Hoffner, Alimenta S. 162; Singer; StBoT 27 S. 162[34]; vgl. Tischler, HEG I S. 293.

14 DUG ME-E ši-i-ḫi-il-la-aš ú-i-te-e-ni<-it>
"14 Wasser-Gefäße (d.h. für Wasser bestimmte Gefäße)
mit Wasser der Reinheit" KBo V 2 I 20;
[1 DU]G GEŠTIN 1 DUG mar-nu-u̯a-an / [1 ^{D}]^{UG}ḫa-ni-iš-ša-
a-aš u̯a-al-aḫ-ḫi-aš/[RI-Q]Ú-UT-TIM
"[ein Gef]äß Wein, ein Gefäß marnuu̯an (und)[ein
]ḫanišša-Gefäß des u̯alḫi-Getränkes, (die) [le]er (sind)"
KBo X 28 + 33 V 3 - 5.

Dies scheint aber ein seltener Fall zu sein.

Die Gefäß-Getränk-Konstruktion ist also einfach als solche, die, wie Ciantelli meint, mit dem Genitiv des Inhalts in Konkurrenz steht, nicht (immer) klar zu erfassen, sondern es bestehen dabei verschiedene Interpretationsmöglichkeiten. Da es dabei anscheinend keine äußeren Merkmale gibt, läßt sich manchmal kaum, wenn nicht sogar überhaupt nicht, feststellen, was mit einer solchen Konstruktion gemeint ist. Erst nach einer eingehenden Genitivuntersuchung des Junghethitischen könnte die Frage einigermaßen geklärt werden.

VII - 2 Ein Zeitbegriff wie ŠA ITU x KAM "für x Monate, x-er Monate", der eine bestimmte Zeitspanne bezeichnet, kann auch durch den Dativ ANA ITU x KAM[9] ausgedrückt werden (Beisp. VII 3). Semantisch nicht auf derselben Ebene liegen dagegen Zeitbegriffe im Ablativ wie išpantaz "nachts", UD.KAM-az = šiu̯attaz "tags" (Melchert, Ablativ and Instrumental in Hittite, vor allem S. 217 f.) und Instrumentale wie IŠ-TU

9) Starkes Deutungsvorschlag von ANA ITU 1 KAM als "innerhalb eines Monats" (StBoT 23 S. 120) ist m.E. wenig überzeugend.

MU.KAM$^{ḪI.A}$ GÍD.DA "mit langen Jahren" in sogen. Glückwunschformeln (Kammenhuber, zuletzt HW^2 A S. 403 f.).

Altersangaben von Tieren sind bisher im Althethitischen nur als Status-constructus-Verbindungen geschrieben: GUD (ANŠE.KUR.RA) MU 1/MU 2 (HG §§ 60, 61, 63, 67), wobei MU 1/MU 2 mit dem Adjektiv *i̯uga-* "einjährig" /*dai̯uga-* "zweijährig" (HG §§ 57, 58) wechseln kann.

Bei einer Gewichtsangabe ist der Genitiv der Menge in der Regel zusammen mit dem Stoff, aus dem der betreffende Gegenstand hergestellt wird, belegt (Beisp. VII 4, 5, 6).

Dabei steht der Genitiv der Menge meistens hinter dem Stoff, d.h. hinter dem Genitiv des Stoffes (Ausnahme Beisp. VII 6).

VII - 3 Selbst bei phonetischer oder halbideographischer Schreibung des Regens findet sich der Genitiv der Menge oft hinter seinem Regens (Beisp. VII 1, 2, 7, 8; s. Kap. VI - 3).

VIII. GENITIV DES INHALTS

Belege

1. mar-nu-an-da-aš iš-pa-an-tu-zi-aš-šar
"ein Libationsgefäß des *marnuan*-Getränkes"
KUB XLIII 30 (= StBoT 25 Nr. 30) II 8';
KBo XXV 84 (= StBoT 25 Nr. 84) I 10' (erg.);
KBo XXV 88 (= StBoT 25 Nr. 88) 19' (erg.);
KBo XXV 147 (+ 127) Vs.$^{?}$ II 11' (StBoT 25 Nr. 147 (+ 127); korrigiert StBoT 26 S. 367): mar-nu-u̯]a-an-ta-aš i.
2. [*A-N*]*A* GAL m[ar-nu(-an-da-aš)] "[i]n einen Becher des *m.*"
KUB XXXVI 104 Vs. 5' (ergänzt nach Abschr. KBo III 34 I 7; Starke, StBoT 23 S. 143).
3. ŠÀ.BA 1 mar-nu-u̯a-aš 1 KAŠ.LÀ[L] / ^{DUG}ḪAB.ḪAB da-aš-kán-zi Bo 3752 (= StBoT 25 Nr. 104) Vs.$^{?}$ II 8' f.;
vgl. KUB LV 39 I 6'f. (jh.):
nu ^{DUG}*KU-KU-UB*$^{ḪI.A}$ ŠÀ.BA mar-nu-u̯a-an-ta-aš u̯a-al-ḫi-i̯a-aš/ KAŠ GEŠTIN-aš na-at DUMU É.GAL da-a-aš-ki-iz-zi
"Die Kannen, davon (eine) des *marnuan*-Getränkes, (eine) des *u̯alḫi*-Getränkes, (eine) des Bieres, (eine) des Weines, die nimmt jeweils der Palastjunker".
KUB XLIII 30 Rs. III 19'f.:
[^{DUG}ḪA]B.ḪAB$^{ḪI.A}$ ŠÀ.BA 1 mar-nu-an 1 ši-e-eš-šar 1 u̯[a-al-ḫi] / [1 KA]Š GEŠTIN DUMU É.GAL *A-NA* GAL DUMU^{MEŠ} É.GAL pí-iš-ki-z[i$^{?}$
4. še-me-e-na-aš ḫu-u-up-pa-ra-aš šu-u-uš
"ein *ḫuppar(a)*-Gefäß des *šeme(ḫu)na-* (ein Nahrungsmittel) (ist) voll" KBo XX 8 (= StBoT 25 Nr. 26) Rs.$^{?}$ IV 4;

vgl.[X] / še-me-ḫu-ni-it (Instr.) šu-u-uš

"[ein Gefäß] (ist) mit š. voll" KBo XXV 8 Rs.? IV 6.

5. u̯a-al-ḫi-i̯a-aš iš-pa-an-t[u-zi-aš-šar MI

"ein [schwarzes] Libat[ionsgefäß] des u̯.-Trankes"

StBoT 12 II 1; KBo XXV 84 I 12' (erg.).

6. GEŠTIN-aš iš-pa-an-tu-zi-aš-šar KUB XLIII 30 II 12';

GEŠTIN-aš iš-pa-an-du-zi-aš-šar MI

StBoT 12 II 7, 19, III 2';

[(iš-pa-an-du-z)]i-aš-šar MI ŠA GEŠTIN

KBo XVII 11 + (= StBoT 25 Nr. 25) IV 30' (ergänzt nach

StBoT 12 IV 37');

vgl.: [u̯]i$_5$-i̯a-na-aš / iš-pa-an-tu-uz-z[i-šar]

KUB XI 29 + XLI 52 III 12'f.

// KBo IV 9 II 51 iš-pa-an-tu-uz-zi-šar GEŠTIN

(jh.).

GEŠTIN-aš iš-pa-an-du-uz-zi-i̯a KBo XVI 49 I 7'

(ursprgl. ah.)

iš-pa-an-tu-uz-zi GIBIL / GEŠTIN-aš

KUB II 13 IV 9 f. (jh.); 17 f. iš-pa-an-tu-uz-zi-aš-šar

GEŠTIN-aš;

iš-pa-an-tu-uz-zi-aš-šar GEŠTIN

KBo XXI 70 I 18' (ursprgl. ah.?);

KBo XXV 36 (= StBoT 25 Nr. 36) III 9' (erg.).

K]AŠ GEŠTIN iš-pa-an-tu-uz-zi

KBo XVII 11 + XXX 25 + I 26'.

// StBoT 12 I 26 f.: ^{DUG}iš-pa-an-tu-zi /[KAŠ GEŠTIN.

Auswertung

VIII - 1 Die Frage, ob bei den Syntagmen mit dem Genitiv des Inhalts vom Ganzen und dessen Teil die Rede ist, läßt sich, wie schon bemerkt (s. S. 68), nicht eindeutig beantworten. Angenommen, daß es sich dabei um eine partitive Genitivkonstruktion handelt, kann die partitive Apposition theoretisch statt des Genitivs des Inhalts eintreten. In diesem Zusammenhang sei folgendes Beispiel erwähnt:

(GEŠTIN-an ḫu-up-pa-ra-an)] / [ma]r-nu-an ḫu-up-pa-ra-an UDU-un [(ḫar-mi)
"eine Schale / einen Becher Wein, eine Schale / einen Becher marnuan (und) ein Schaf halte ich"
StBoT 8 II 23 f.

Da bei der Konstruktion der partitiven Apposition der übergeordnete Begriff (in der Regel ein Teilbegriff) als appositioneller Nachtrag stets hinter dem Begriff als nähere Bestimmung (in der Regel Begriff des Ganzen) steht, vertritt das erste Glied dieser Konstruktion die Funktion vom Genitivattribut und das zweite die vom Regens (s. Kap. II - 1 - 2). Diese Tatsache erregt sofort den Verdacht, daß die hier genannte Konstruktion GEŠTIN-an ḫupparan, marnuan ḫupparan (Getränke-Gefäß [nicht Gefäß-Getränk!] im gleichen Kasus) eine durch den Genitiv des Inhalts ersetzbare partitive Apposition sein könnte. Auffallend ist aber, daß die Getränke-Gefäß-Konstruktion im gleichen Kasus sehr selten zu beobachten ist: im Althethitischen ist nur obiges Beispiel gesichert.[10] Außerdem ist die Interpretation dieser Konstruktion noch dadurch erschwert, weil die genauere Funktion von der damit anscheinend in engem Zusammenhang stehenden und viel häufigeren Gefäß-Getränke-Konstruktion unklar bleibt (s. Kap. VII - 1). Diese seltene Erscheinungsform von Getränke-Gefäß allein scheint jedenfalls nicht zu genügen um zu beweisen, daß der Genitiv des Inhalts durch die partitive Apposition ersetzbar ist und er dementsprechend zu dem genitivus partitivus gehört.

išpantuziaššar GEŠTIN (bei Beisp. VIII 6) ist nicht als Apposition-Konstruktion, sondern als Genitivverbindung aufzufassen (vgl.: Genitiv des Stoffes [ḫ]upparan KÙ.BABBAR KBo XXV 40, 4' und Genitiv der Menge Beisp. VII 7 kuššan ITU 1 KAM).

VIII - 2 Der Genitiv des Inhalts überschneidet sich funktionell mit dem adnominalen Instrumentalis (wie z.B. ^{DUG}GAL ME-<E>-it "Becher mit Wasser" IBoT II 91 III 4' [jh.]). Im Althethitischen sind bisher noch keine gesicherten Belege für diesen auch im Junghethitischen seltenen adnominalen Instrumentalis bezeugt.[11] Das könnte vielleicht

10) nu-uš-še i-i̯a-ra GAL-ri pí-an-zi "Ihm geben sie einen Becher i." KBo III 34 II 34, dabei ii̯ara eine wohl etwas unangenehme Flüssigkeit (Kammenhuber, Or 31 S. 376), ist aber noch nicht ganz sicher (Otten-Souček, StBoT 8 S. 101[2]; Tischler, HEG S. 347).

11) GAL ^{D}UTU/^{D}IŠKUR šu-up-pí-iš-du-u̯a-ri-it a-ku-an-zi StBoT 12 III 12'f., 19'f., 25'f., 32', 37'f., 42', 47'f., 52'f.: Die von Neu vorgeschlagene Bedeutung "glänzend" (?) (StBoT 12 S. 67 ff.) bleibt fraglich. Auf jeden Fall entfällt Neus ablativische Übersetzung (a.a.O. S. 25 ff.)

der dürftigen Beleglage im Althethitischen zuzuschreiben sein. Dem adnominalen Gebrauch des Instrumentalis liegt vermutlich die Konstruktion von Gefäß-Getränk (Instr.) mit _šu-_ "voll" bzw. _šuu̯ant-_ "gefüllt"[12] ("Gefäß voll bzw. gefüllt mit Getränk) zugrunde, die sich auch im Althethitischen belegen läßt (bei Beisp. VIII 4, _teššummiuš_ _tarlipit_ _šuu̯amuš_ [Akkus. Pl.] StBoT 8 I 26' [13]); vgl. Melchert, Ablativ and Instrumental in Hittite S. 254. Semantisch scheint der adnominale Instrumentalis aber nicht ganz mit dem Genitiv des Inhalts übereinzustimmen.

---

zu 11) "Aus dem glänzenden (?) Becher ..." (vgl. Kammenhuber, SMEA 14 S. 151; Archi-Kammenhuber, Mat.heth.Thes. Lfg. 3 - 7 Nr. 5 Kap. V. 01 S. 118 ff.).

12) Die Frage, ob _šuu̯ant-_ von _šu-_ "voll" abgeleitet ist oder vielmehr das ursprüngliche Partizip zu _šunna-/_ _šuu̯a-_ "füllen" darstellt, ist neuerdings (gegenüber Sommer, HuH S. 63 mit S. 67; Kammenhuber, HbOr 216, 262, 322, 324) umstritten (Weitenberg, Die hethitischen U-Stämme S. 137).

13) Weitere junghethitische Belege bei Oettinger, StBoT 22 S. 39 f. und Anm. 77.

IX. GENITIV DES GETEILTEN GANZEN (partitivus)

Belege

1. ḫa-aš-ša-an-na-ša-an-za-kán li-e ku-in-ki ku-en-ti
"Töte nicht irgendeinen seiner Sippe" TelErl II 45;
[ḫa-aš-ša-an-na-aš-ma-aš] ki-nu-un iš-ta-an-za-na-ma-an
Ú-UL ku-iš-ki da-a-aš
"[Von meiner Sippe] hat niemand bis jetzt meinen Willen
angenommen" HAB III 26.

2. šar-di-aš-ša-an-na (Gen. auf -an) ku-in u-u̯a-te-it
"und wen von seinen Helfern er herbrachte"
KBo III 22 Vs. 37.

3. DINGIR^{MEŠ}-na-an (Gen. auf -an) ^{D}UTU-i
"der Sonnengott der Götter" KUB XLIII 53 I 16';
KBo XVII 17 (= StBoT 25 Nr. 9) IV$^{?}$ 6' (erg.);
vgl.:
ši-ú-na-an (Gen. auf -an) ^{D}UTU-ú-i KUB XLI 23 II 18';
ibid. II 20' ^{D}ši-ú-na-an ^{D}UTU-aš (Gen. des Besitzers);
II 23' ši-ú-na-a[n ^{D}UTU-aš].

4. ŠA [(^{LÚ}URUDU.)]NAGAR / na-at-ta ku-iš-ki a-ra-u-aš
"Von den Holzarbeitern niemand (ist) frei"
HG § 56 A III 21 f. // B III 24 f. und D 31''
(Ú-UL ku-iš-ki a-ra-u-u̯a-aš).

Auswertung

IX - 1 Dieser Gebrauch des Genitivs, den Delbrück als Grundfunktion des indogermanischen Genitivs ansehen möchte (Grdr^{2} III.1 S. 335 f.), stellt im Hethitischen anscheinend einen seltenen Fall dar. Im Althethitischen ist der genitivus partitivus vorwiegend mit dem Indefinit-/Frage-Relativpronomen als Regens bezeugt (Beisp. IX 1, 2, 4). Dasselbe ist in der älteren deutschen Sprache der Fall, und zwar oft (s. Krahe, Grundzüge der vergleichenden Syntax der indogermanischen Sprachen S. 73).

In StBoT 23 S. 71^{53} betrachtet Starke DUMU^{MEŠ} ^{URU}Neša in Ù DUMU^{MEŠ} ^{URU}Neš[a]/[id]alu natta kuedanikki takkišta "Er fügte niemandem von den Bewohnern Nešas Böses zu" KBo III 22 Vs. 7 f. als Dativ, zu dem natta kuedanikki in partitiver Apposition stehe. Von der Syntax her gesehen ist diese Interpretation m.E. schwer vertretbar, weil es in einem solchen Fall ANA DUMU^{MEŠ} ^{URU}Neša heißen müßte. Außerdem wird die Konstruktion von der partitiven Apposition kaum durch andere Satzteile getrennt. Näher scheint mir daher zu liegen, in DUMU^{MEŠ} ^{URU}Neša einen genitivus partitivus zu sehen, nämlich <ŠA>DUMU^{MEŠ} ^{URU}Neša...natta kuedanikki.

IX - 2 Als eine Schattierung des sogen. Genitivs der Steigerung (Verbindung eines Substantivs [bzw. eines substantivierten Adjektivs] mit dem Genitiv [meistens Pl.] desselben Wortes wie z.B. litauisch vagiu vagìs "Dieb der Diebe = Erzdieb" (Delbrück a.a.O. S. 338 f.) kann man vielleicht Beisp. IX 3 ansehen. Ob der Genitiv der Steigerung den althethitischen Schreibern bekannt war, läßt sich jedoch anhand des althethitischen Textmaterials nicht mit Sicherheit feststellen, weil es zu dürftig ist.

IX - 3 Im Althethitischen begegnet man nur einem einzigen gesicherten Beispiel für die partitive Apposition, die mit dem genitivus partitivus in Konkurrenz treten kann:

Ù NÍG.BA 2 QA-TAM LÚ ^{GIŠ}TUKUL da-a-ú

"und zwei Teile des Geschenkes wird der T.-Mann nehmen"

HG § 53 A III 11. (B III 13, D 18'')

Allerdings ist die Genitivkonstruktion, in der ein Substantiv der Menge oder des Maßes wie 2 QA-TAM im Regens erscheint, im Althethitischen nicht bezeugt.

Der sogen. partitive Ablativ, der den Begriff des Ganzen vertritt, von dem ein unbestimmter Teil (im Akkusativ) genommen (da-) wird (Ciantelli, Mat.heth.Thes Lfg. 7 - 9 Nr. 6 S. 134; vgl. auch Kammenhuber, HW^2 A S. 468a), hat direkt nichts mit dem genitivus partitivus zu tun.

VI - IX ZUSAMMENFASSUNG

Abschließend seien die Aussagen über die vorliegenden Kap. VI - IX kurz zusammengefaßt:

1. Die Genitive des Stoffes, der Menge, des Inhalts und der genitivus partitivus sind eng miteinander verwandt. Sie geben den stofflichen Inhalt der übergeordneten Wörter an.

Über den Genitiv des Stoffes (Kap. VI)

2. Wegen der engen Beziehung zwischen dem Genitiv und Regens ist der Genitiv des Stoffes, der zur Darstellung des Herstellungsmaterials dient, nur selten durch andere Satzteile von seinem Regens abgetrennt, und er ist durch die partitive Apposition nicht ersetzbar.
3. Im Gegensatz zu anderen Genitivtypen in Prädikatstellung kommt der prädikative Genitiv des Stoffes mit dem verbum substantivum eš-/aš- nicht vor, was auf seine nicht veränderbare Aussage zurückzuführen ist.
4. Die häufige Nachstellung des Genitivs des Stoffes beruht auf der ihm eigenen Funktion. Dasselbe gilt auch für die Genitive der Menge und des Inhalts.

Über den Genitiv der Menge (Kap. VII)

5. Beim Genitiv der Menge ist von Maß- und Quantitätsbezeichnungen die Rede. Ob die Gefäß-Getränke-Konstruktion zum Teil als eine Art von Maßbezeichnung zu verstehen ist, läßt sich im Moment schwer abschätzen.
6. Der Genitiv der Menge zur Angabe einer bestimmten Zeitspanne, die auch durch den Dativ angegeben werden kann,

unterscheidet sich semantisch von Ablativ bzw. Instrumentalis für den Zeitbegriff.

Über den Genitiv des Inhalts (Kap. VIII)

7. Es ist nicht festzustellen, ob es sich bei diesem Genitiv, der den Inhalt eines Behälters bezeichnet, um den genitivus partitivus handelt und er daher durch die partitive Apposition ersetzbar ist.
8. Der Genitiv des Inhalts steht in Konkurrenz mit dem adnominalen Instrumentalis ("Gefäß mit dem Getränk"). Zwischen den beiden besteht aber anscheinend ein leichter semantischer Unterschied.

Über den genitivus partitivus (Kap. IX)

9. Die partitive Genitivkonstruktion, bei der vom Ganzen und dessen Teil die Rede ist, wird selten im Althethitischen (und vermutlich auch im Junghethitischen) benützt. Sie ist überwiegend mit dem Indefinit-/Frage-Relativpronomen belegt.
10. Die Existenz des sogen. Genitivs der Steigerung im Hethitischen ist noch nicht überzeugend.
11. Aus dem althethitischen Textmaterial ist bisher nur ein einziges Beispiel für die partitive Apposition als Ersatz für den genitivus partitivus bekannt.

X. SONSTIGE GENITIVE

Zum Abschluß sollen solche Genitive angeführt werden, die sich in die bisher beschriebenen Genitivtypen nicht sicher einordnen lassen.

Bei dieser Gruppe handelt es sich zunächst um den sogen. Genitiv der Hinsicht, der den Begriff "bezüglich, betreffs" ausdrückt (s. Sommer, AU S. 67 f.):

1. ki-i-u̯a e-eš-<ḫa->na-aš ut-tar
   "diese Sache des Blutes" TelErl II 47; IV 27/19' (iš-ḫa-na-aš-ša! ut-tar).

2. TUP-PÍ te-it-ḫé-eš-na-a[š]
   "Tafel(n) des Gewitters" StBoT 12 IV 43'.

Bei Genitivverbindungen dieser Art, die im Junghethitischen relativ häufig bezeugt sind, fehlt das Regens gelegentlich, wodurch sie rein äußerlich wie ein freischwebender Genitiv erscheinen (z.B. KBo V 4 Vs. 35' [Muršili II.], KUB XXI 1 III 61 [Muwatalli]). Hierher dürfte der Genitiv alu̯anzannaš zu alu̯anzatar "Zauberei" in ^{URU}Ḫattuši alu̯anzannaš našta uddar parkunuškattin "(Die Angelegenheit) der Zauberei in Ḫattuša: davon sollt ihr die Dinge beständig frei/rein halten" TelErl IV 30/22' gehören (Übersetzung im Anschluß an Hoffmann, THeth 11 S. 55)[1].

Zur Angabe des Preises des Gegenstandes (Tiere, Kleider usw.) wird die folgende stereotype Genitivverbindung gebraucht:

---

1) Jedoch ist die Möglichkeit nicht ganz ausgeschlossen, daß der Genitiv alu̯anzannaš sich auf uddar beziehe, obwohl zwischen den beiden die Satzeinleitung n=ašta steht.

3. ŠA --- x KÙ.BABBAR ŠI-IM-ŠU

"Der Preis von --- (ist) x (Minen/Sekel) Silber

HG §§ 178 - 185.

Die Preisangabe kann auch folgendermaßen ausgedrückt werden:

takku --- x KÙ.BABBAR ŠI-IM-ŠU

"Wenn (es) --- (ist), (ist) x (Minen/Sekel) Silber sein Preis".

Im Althethitischen sind noch folgende Genitivverbindungen zu beobachten, deren Funktion im Moment unbestimmbar sind:

4. iš-ḫa-na-a-aš [tar-l]i-pa-aš-ša-an

"des Blutes sein [tarl]ipa- (Flüssigkeit)"

StBoT 8 IV 8.

5. ki-i kar-di-i̯[a-aš-ša-a]š DUMU^{MEŠ} e-še-ir

"Diese waren die Söhne s[eines] Herzens (etwa: Lieblingssöhne)" KBo III 34 III 17';

vgl.:

DUMU^{MEŠ} kar-ta-aš-ma VBoT 58 I 13' (ursprgl. ah.):

ŠA ŠÀ-ŠU [DUMU.SA]L-ZU KUB XIV 1 Vs. 80 (jh.)

6. ^{NINDA}ša-ra-am-na-aš ḫa-a-li-iš[2)]

"des Palastes? ḫ. Brot"

KBo XX 21 (= StBoT 25 Nr. 18) Vs.? 6'

KBo XVII 14 + XX 4 + 16 + (= StBoT 25 Nr. 13) I 18', 26'

KBo XX 2 + XXV 15 (= StBoT 25 Nr. 15) Vs.? I 7'

KBo XVII 29 + (= StBoT 25 Nr. 75) IV 2

NINDA ^{GIŠ}BANŠUR-aš ḫa-a-li-[iš[2)]

"des Tisches ḫ. Brot"

---

2) Über diese Genitivtypen, s. Neu, StBoT 26 S. 160[471, 472]; Fs Risch S. 113 f.

KBo XXV 16 + (= StBoT 25 Nr. 16)

KBo XX 21 Vs.$^{?}$ 5'

ERÍN^{MEŠ}-aš ḫa-a-li-iš

"der Truppen ḫ. Brot"

KBo XX 21 Vs.$^{?}$ 7'

vgl. KUB XXXI 57 IV 11' (jh.)

^{NINDA}ḫa-a-li-iš ŠA ERÍN^{MEŠ}.

7. [t]u-uš-ka-ri-i-aš DINGIR-u[š]

"Gott der [F]reude"

KBo XXV 112 (= StBoT 25 Nr. 112) II 20'.

8. ^{DUG}L]IŠ.GAL ŠA ERÍN^{MEŠ}

"[Sch]ale der Truppen"

KBo XXV 79 (= StBoT 25 Nr. 79) Rs.$^{?}$ IV 13';

^{DUG}LI]Š.GAL ŠA IZI

"Scha]le des Feuers"

KBo XX 2 + XXV 15 Vs.$^{?}$ I 10'.

ÜBERSICHTSTABELLEN

(Die Zeichen X in runden Klammern = bisher nur im Junghethitischen bezeugt)

1. Stellung des Genitivs (Kap.II-1-1; III-1; IV-1; VI-3)

a. Genitiv vor oder nach Regens

	vor Regens	nach Regens
Genitiv des Besitzers	X	nur bei ideographischer Schreibung des Regens
Genitiv mit dem Regens išḫa-	X	"
Genitiv des Bereiches	X	"
Genitiv des Zwecks	X	"
Genitiv des Stoffes	X	X
Genitiv der Menge	X	X
Genitiv des Inhalts	X	X
genitivus partitivus	X	

b. Genitiv in Prädikatstellung (Kap.I-2; II-3; IV-3; VI-2)

	mit eš-/aš- "sein"	ohne eš-/aš-	mit kiš- "werden"
freischwebender Genitiv	(X)	X (ah. nur so) (jh. häufiger)	
Genitiv des Besitzers	X	X	X
Genitiv des Bereiches	(X)	X	
Genitiv des Stoffes		X	

2. <u>Genitiv und seine konkurrierende Kasus</u> (Kap.II-1-2; IV-1,2; V; VII-2; VIII-1,2; IX-3)

	partitive Apposition (meistens Akkusativ)	Dativ-Lokativ	Instrumentalis	Ablativ
Genitiv des Besitzers	X	X (Dativ)		
Genitiv des Bereiches	X	X? (Lokativ)		X?
Genitiv des Zwecks		(X) (Dativ)		
Genitiv der Menge		X (Dativ)		
Genitiv des Inhalts	X?		(X)	
genitivus partitivus	X			

I N D I C E S

1. Literatur- und Abkürzungsverzeichnis

ABAW = Abhandlungen der Bayerischen Akademie der Wissenschaften. Phil.hist. Abt., NF - München

ABoT = Ankara Arkeoloji Müzesinde Bulunan Boğazköy Tabletleri, Istanbul 1948.

AfO = Archiv für Orientforschung, Berlin, später Graz 1926 ff.

ah(eth). = althethitisch

AHw s. v. Soden, W.

Alimenta s. Hoffner, H.A.

AlT = Donald J. Wiseman, The Alalakh Tablets, London 1953; Forts. in JCS 8 (1954) 1-30.

AOS = American Oriental Series, New Haven.

Archi, A.

Fs Laroche, 1979, S. 37 ff. L'humanité des Hittites.

OrAnt 12, 1973, 209 ff. L'organizzazione amministrativa Ittita e il regime delle offerte cultuali.

Archi - Kammenhuber

Mat.heth.Thes. Lfg 3-7, Nr. 5(eku-), 1975-6

ArchOr = Archiv Orientální, Prag 1929 ff.

AU s. Sommer, F.

Beckman, G.

JANES 14, 1982, 11 ff. The Anatolian Myth of Illuyanka.

Benveniste, É. Problèmes de linguistique générale, Paris 1966 = Probleme der allgemeinen Sprachwissenschaft (deutsche Übersetzung, München 1974).

Bo = unveröffentlichte Texte aus Boğazköy

BoTU s. Forrer, E.

Carruba, O.

Fs Güterbock, 1974, 73 ff. Tahurwaili von Hatti und die heth. Geschichte um 1500 v.Chr.

StBoT 2, 1966 Das Beschwörungsritual für die Göttin Wišurijanza.

Carruba - Souček - Sternemann

ArchOr 33, 1965, 1 ff. Kleine Bemerkungen zur jüngsten Fassung der hethitischen Gesetze.

CHD = The Hittite dictionary of the Oriental Institute of Chicago. Edited by H. G. Güterbock and H.A. Hoffner. Volume 3. Fascicle 1., 2., 3., Chicago 1980, 1983, 1986.

Ciantelli, M.

Mat.heth.Thes. Lfg 7-9, Nr. 6 (da-), 1978-9

CTH s. Laroche, E.

Delbrück s. Grdr(2)

Drohla, W. Die Kongruenz zwischen Nomen und Attribut sowie Subjekt und Prädikat im Hethitischen. Am 18.1.1934 gekrönte Preisarbeit der Philos.Fakultät der Philipps-Universität zu Marburg f.d. Jahr 1933.

Ehelolf, H.

ZA 43, 1936, 170 ff. Hethitisch-akkadische Wortgleichungen.

EHS s. Kronasser, H.

Falkenstein, A. - Sommer s. Sommer, F.

Fillmore, C.J. The case for case. Universals in Linguistic Theory, edited by Emmon Bach and Robert T. Harms, 1 ff., New York 1968.

Forrer, E.

BoTU = Die Boghazköi-Texte in Umschrift (WVDOG 41/42). Leipzig 1922, 1926.

Fs Meissner, 1928/29, 30 ff.

Ein siebenter Kasus im Alt-Kanisischen.

Friedrich, J.

HE(2) = Hethitisches Elementarbuch I, II (IdgBibl), Heidelberg 1940 und 1946; 2. Aufl. HE I 1960; HE II 1967.

HG = Die Hethitischen Gesetze (Documenta et Monumenta Orientis Antiqui 7), Leiden 1959; 2. Aufl. 1971).

HKL = Hethitisches Keilschrift-Lesebuch I, II, Heidelberg 1960.

HW = Hethitisches Wörterbuch Kurzgefaßte kritische Sammlung der Deutungen Hethitischer Wörter (IdgBibl), Heidelberg 1952(-1954).

HW 1.2.3.Erg. = Hethitisches Wörterbuch, 1.-3. Ergänzungsheft, Heidelberg 1957, 1961, 1966.

SV = Staatsverträge des Ḫatti-Reiches in hethitischer Sprache I, II (MVAeG 31.1 und 34.1), Leipzig 1926, 1930.

ZA 39, 1929, 1 ff. Die hethitischen Bruchstücke des Gilgamesch-Epos.

Fs = Festschrift

Fs Friedrich = Festschrift J. Friedrich zum 65. Geburtstag gewidmet, Heidelberg 1959

Fs Güterbock = Anatolian Studies presented to Hans Gustav Güterbock on the occasion of his 65th birthday, Istanbul 1974

Fs Jakobson = To Honor Roman Jakobson. Essays on Occasion of his 70th Birthday 11 October 1966, The Hague-Paris 1967.

Fs Laroche = Florilegium Anatolicum, Mélanges offerts à Emmanuel Laroche, Paris 1979.

Fs Meissner = Altorientalische Studien Bruno Meissner zum 60. Geburtstag gewidmet (MAOG 4), Leipzig 1928/29.

Fs Neumann = Serta Indogermanica, Festschrift für Günter Neumann zum 60. Gebrutstag (IBS 40), Innsbruck 1982.

Fs. Risch = o-o-pe-ro-si Festschrift für Ernst Risch zum 75. Gebrutstag. Berlin, New York 1986

Goetze, A.

Ḫatt. = Ḫattušiliš, Der Bericht über seine Thronbesteigung nebst den Paralleltexten (MVAeG 29.3), Leipzig 1925.

Grdr(2) = Karl Brugmann - Berthold Delbrück, Grundriß der vergleichenden Grammatik der indogermanischen Sprachen. Photomechanischer Nachdruck der 2. Bearbeitung von Bd.I (1930), II.1 (1906), II.2, II.3(1916) von K. Brugmann; der 1. Aufl. von Bd. III.1(1893), IV.2 und V.3 (1900) von B. Delbrück, Berlin 1967.

Groot, A.W.

Lingua 6, 1956-7, 8 ff. Classification of the uses of a case illustrated on the Genitive in Latin.

Gs = Gedenkschrift

Gs Kronasser = Investigationes philologicae et comparativae. Gedenkschrift für Heinz Kronasser, Wiesbaden 1982.

Güterbock, H.G.

ZA 44, 1938, 45 ff. Die historische Tradition und ihre literarische Gestaltung bei Babyloniern und Hethitern bis 1200.

HAB s. Sommer - Falkenstein

Ḫatt s. Goetze, A.

HbOr = Handbuch der Orientalistik, Leiden 1952 ff.

HE(2) s. Friedrich, J.

HED 1-2 s. Puhvel, J.

HEG s. Tischler, J.

HG s. Friedrich, J.

Hoffmann, I.

TelErl = Der Erlaß Telipinus (THeth 11), Heidelberg 1984.

Hoffner, H.A.

Alimenta = Alimenta Hethaeorum. Food Production in Hittite Asia Minor (AOS 55), New Haven 1974.

Fs Güterbock, 1974, 113 ff. The Arzana House

HT = Hittite Texts in the Cuneiform Character from Tablets in the British Museum, London 1920.

HuH s. Sommer, F.

HuI = Hethitisch und Indogermanisch. Vergleichende Studien zur historischen Grammatik und zur dialektgeographischen Stellung der indogermanischen Sprachgruppe Altkleinasiens. Herausgegeben von Erich Neu und Wolfgang Meid. (IBS 25), Innsbruck 1979.

HW s. Friedrich, J.

HW² s. Kammenhuber, A.

IBoT = Istanbul Arkeoloji Müzelerinde Bulunan Boğazköy Tablętleri I-III, Istanbul 1944, 1947, 1954.

IBS = Innsbrucker Beiträge zur Sprachwissenschaft.

IdgBibl = Indogermanische Bibliothek, Heidelberg.

IF = Indogermanische Forschungen, Zeitschrift für Indogermanistik und allgemeine Sprachwissenschaft, Straßburg, später Berlin 1892 ff.

Ivanov, V.Vs.
HuI, 1979, 73 ff. Syntactical Archaisms of Old Hittite.

JANES = Journal of the Ancient Near Eastern Society of the Columbia University, New York 1968 ff.

JCS = Journal of Cuneiform Studies, New Haven 1947 ff.

jh(eth.) = junghethitisch

Kammenhuber, A.
HbOr = Hethitisch, Palaisch, Luwisch und Hieroglyphenluwisch (HbOr 1. Abt., II. Bd., 1. und 2. Abschnitt, Lfg. 2: Altkleinasiatische Sprachen S. 119-357), Leiden 1969.

HuI, 1979, 115 ff. Direktiv, Terminativ und/oder Lokativ im Hethitischen.

HW[2] = Hethitisches Wörterbuch. Zweite, völlig neubearbeitete Auflage auf der Grundlage der edierten hethitischen Texte, Heidelberg 1975 ff.

KZ 76, 1959, 1 ff. Zur hethitisch-luvischen Sprachgruppe.

KZ 77, 1961, 161 ff. Nominalkomposition in den altanatolischen Sprachen des 2. Jahrtausends.

Mat.heth.Thes. = Materialien zu einem hethitischen Thesaurus, Heidelberg 1973 ff.

MIO 2-4 = Studien zum hethitischen Infinitivsystem I - VI (MIO 2 S. 44-77; 245-265; 403-444; 3 S. 31-57; 345-377; 4 S. 40-80), Berlin 1954-1956.

Or 31, 1962, 371 ff. Rez. zu J. Friedrich, HW 2. Erg.

Or 39, 1970, 547 ff. Rez. zu H. Otten - H.G. Güterbock, KBo XVI.

SMEA 14, 1971, 143 ff. Hethitisch ḫaššuš 2-e ekuzi "Der König trinkt zwei"

ZA 56, 1964, 150 ff. Die hethitischen Vorstellungen von Seele und Leib, Herz und Leibesinnerem, Kopf und Person.

ZA 57, 1965, 177 ff. Fortsetzung.

Kammenhuber - Ünal s. Ünal, A.

KBo = Keilschrifttexte aus Boghazköi, Bd. I-VI (WVDOG 30 u. 36), Leipzig 1916-1923; Bd. VII ff., Berlin 1954 ff.

Krahe, H. Grundzüge der vergleichenden Syntax der indogermanischen Sprachen (IBS 8), Innsbruck 1972.

Kratylos = Kratylos. Kritisches Berichts- und Rezensionsorgan für Indogermanische und Allgemeine Sprachwissenschaft, Wiesbaden.

Kronasser, H.

EHS = Etymologie der hethitischen Sprache I (Lfg. 1-4), II (Lfg.5/6), Wiesbaden 1963-1965, 1966.

KUB = Keilschrifturkunden aus Boghazköi, Berlin 1921 ff.

Kühne, C.

ZA 62, 1973, 236 ff. Bemerkungen zu kürzlich edierten hethitischen Texten.

ZA 67, 1977, 242 ff. Lexikalische Notizen zu hethitisch ak- und Derivaten.

Kümmel, H.M.

StBoT 3, 1967 Ersatzrituale für den hethitischen König.

Kuryłowicz, J. The inflectional categories of Indo-European, Heidelberg 1964.

KZ = Zeitschrift für vergleichende Sprachforschung, begründet von Adalbert Kuhn; früher: Kuhns Zeitschrift für vergleichende Sprachforschung, Berlin, später Göttingen 1852 ff.

Laroche, E.

CTH = Catalogue des textes hittites, Paris 1971.

JCS 1, 1947, 187 ff. Hattic Deities and their Epithets.

RHA 23 (fasc.76), 1965, 33 ff. Études de linguistique anatolienne I.

Lehmann, W.P. Proto-Indo-European Syntax, Austin and London 1974.

Leumann - Hofmann - Szantyr Lateinische Grammatik, 2. Band: Lateinische Syntax und Stilistik von J.B. Hofmann, neubearbeitet von A. Szantyr, München 1965 (= Handbuch der Altertumswissenschaft II.2.2).

Lingua = Lingua, Amsterdam

Löfstedt, B.

KZ 78, 1963, 64 ff. Zum lateinischen possessiven Dativ.

MAOG = Mitteilungen der Altorientalischen Gesellschaft, Leipzig.

Mat.heth.Thes. s. Kammenhuber, A.

Melchert, H.C. Ablativ and Instrumental in Hittite, Harvard Univ. Ph. D. 1977.

MIO = Mitteilungen des Instituts für Orientforschung (Deutsche Akademie der Wissenschaften zu Berlin), Berlin 1953 ff.

Mittelberger, H.

Kratylos 11, 1966, 99 ff. Genitiv und Adjektiv in den altanatolischen Sprachen.

MVAeG = Mitteilungen der Vorderasiatisch-Ägyptischen Gesellschaft, Leipzig 1922-1944.

Neu, E.

Fs Risch, 1986, 107 ff. Zur unechten Nominalkomposition im Hethitischen

Gs. Kronasser, 1982, 116 ff. Studie über den Gebrauch von Genitivformen auf -u̯aš des hethitischen Verbalsubstantivs -u̯ar.

StBoT 5, 1968 Interpretation der hethitischen medio-passiven Verbalformen.

StBoT 6, 1968 Das hethitische Mediopassiv und seine indogermanischen Grundlagen.

StBoT 12, 1970 Ein althethitisches Gewitterritual.

StBoT 18, 1974 Der Anitta-Text.

StBoT 25, 1980 Althethitische Ritualtexte im Umschrift.

StBoT 26, 1983 Glossar zu den althethitischen Ritualtexten.

Neu - Otten s. Otten, H.

Oettinger, N.

HuI, 1979, 197 ff. šau̯itra- "Horn", eine hethitische *-tro-Bildung.

StBoT 22, 1976 Die Militärischen Eide der Hethiter.

Or = Orientalia (Nova Series), Rom 1932 ff.

OrAnt = Oriens Antiquus. Rivista del Centro per l'Antichità e la Storia dell'Arte del Vicino Oriente, Rom.

Otten, H.

JCS 5, 1951, 129 ff. Ein Althethitischer Vertrag mit Kizzuvatna.

StBoT 17, 1973 Eine althethitische Erzählung um die Stadt Zalpa.

Otten - Neu

IF 77, 1972, 181 ff. Hethitisch-"Mann", "Mannheit".

Otten - Souček

AfO 21, 1966, 1 ff. Neue hethitische Gesetzesfragmente aus dem Großen Tempel.

StBoT 8, 1969 Ein althethitisches Ritual für das Königspaar.

Pecchioli Daddi, F. Mestieri, professioni e dignità nell' Anatolia Ittita (Incunabula Graeca 79), Rom 1982.

Puhvel, J.

HED 1-2 = Hittite Etymological Dictionary. Vol. 1 Words beginning with A; Vol. 2 Words beginning with E and I (Trends in Linguistics Documentation 1), Berlin-New York-Amsterdam 1984.

Raman, C.F.J. The old Hittite relative construction, Texas Univ. Ph.D. 1973.

Rez. = Rezension

RHA = Revue hittite et asiatique. Organe de la Société des Études Hittites, Paris 1930 ff.

Riemschneider, K.K.

MIO 6, 1958, 321 ff. Die hethitischen Landschenkungsurkunden.

RLA = Reallexikon der Assyriologie, Berlin 1928-1938, 1957 ff.

Rosenkranz, B.

HuI, 1979, 219 ff. Archaismen im Hethitischen.

Vergleichende Untersuchungen der altanatolischen Sprachen (Trends in Linguistics State-of-the-Art Reports 8), The Hague-Paris-New York 1978.

Schmidt, K.H.

Fs Neumann, 1982, 357 ff. Keltisch-Hethitisches

v. Schuler, E.

Fs Friedrich, 1959, 435 ff. Hethitische Königserlässe als Quellen der Rechtsfindung und ihr Verhältnis zum Kodifizierten Recht.

TUAT I/1, 1982, 96 ff. Hethitische Rechtsbücher.

Schwarz, B.

Or 16, 1947, 23 ff. A Hittite ritual texte (KUB XXIX 1= 1780/c).

Singer, I.

StBoT 27, 1983 The Hittite KI.LAM Festival part 1.

StBoT 28, 1984 The Hittite KI.LAM Festival part 2.

SMEA = Studi micenei ed egeo-anatolici, Rom.

v. Soden, W.

AHw = Akkadisches Handwörterbuch, Wiesbaden 1958-1981.

Sommer, F.

AU = Die Aḫḫijavā-Urkunden (ABAW, Phil. -his . Abt., Nf 6), München 1932.

HuH = Hethiter und Hethitisch, Stuttgart 1947.

Sommer - Falkenstein

HAB = Die hethitisch-akkadische Bilingue des Ḫattušili I. (Labarna II) (ABAW, Phil.-hist. Abt., NF 16), München 1938.

Souček, Vl. - Otten s. Otten, H.

Starke, F.

KZ 95, 1981, 141 ff. Die Keilschrift-luwischen Wörter für "Insel" und "Lampe"

StBoT 23, 1977 Die Funktion der dimensionalen Kasus und Adverbien im Althethitischen.

ZA 69, 1979, 47 ff. Ḫalmašuit im Anitta-Text und die hethitische Ideologie vom Königtum.

StBoT = Studien zu den Boğazköy-Texten, Wiesbaden 1965 ff.

Steiner, G.

RLA 3, 1957-1971, 306 ff. Getränke (B. Nach hethitischen Texten).

SV s. Friedrich, J.

Szabó, G.

THeth 1, 1971 Ein hethitisches Entsühnungsritual für das Königspaar Tutḫaliia und Nikalmati.

TelErl s. Hoffmann, I.

THeth = Texte der Hethiter, Heidelberg 1971 ff.

Tischerler, J.

HEG = Hethitisches etymologisches Glossar. Mit Beiträgen von G.Neumann (IBS 20), Innsbruck 1977 ff.

TUAT = Texte aus der Umwelt des Alten Testaments, Gütersloh 1982 ff.

Ünal, A. - Kammenhuber

KZ 88, 1974, 157 ff. Das althethitische Losorakel KBo XVIII 151.

ursprgl. = ursprünglich

VBoT = Verstreute Boghazköy-Texte, herausgegeben von A. Götze, Marburg 1930.

Watkins, C.

Fs Jakobson, 1967, 2191 ff. Remarks on the Genitive

Gs Kronasser, 1982, 250 ff. Notes on the Plural Formations of the Hittite Neuters.

Indo-European Studies in Indo-European legal language, Institutions, and Mythology: Indo-European and Indo-Europeans, Philadelphia 1970, 321 ff.

Weitenberg, J.J.S. Die hethitischen U-Stämme, Amsterdam 1984.

WVDOG = Wissenschaftliche Veröffentlichungen der deutschen Orient-Gesellschaft, Leipzig, später Berlin 1900 ff.

ZA = Zeitschrift für Assyriologie und verwandte Gebiete, Leipzig, später Berlin 1886 ff.

2. Verzeichnis der zitierten Textstellen

(Zitierte junghethitische bzw. ursprünglich althethitische Texte werden in runden Klammern geboten. Althethitische "Originaltexte" (= aheth."Orig."), soweit nicht in StBoT 25, vermerkt).

HAB III 46 : II 1b, 5
59 : II 2, 2
62f. : S. 5 mit Anm. 6

HG Tafel I § 1 - 100

A = KBo VI 2 + XIX 1 + 1a + XXII 61+ 62 aheth. "Orig."
B = KBo VI 3 + XXII 63 älteste Abschrift um 1400 v.Chr.
C = KBo VI 5 jheth. Zeit
D = KBo VI 6 "
E = KBo VI 7 "
F = KBo VI 8 (+) KUB XIII 11 + KUB XXIX 15 jheth. Zeit
I = KUB XIII 13 jheth. Zeit
J = KUB XXVI 56 "
KBo VI 4 = Paralleltext, Tutḫaliya IV, zitiert mit § und römischer Zahl

HG Tafel II § 101 - 200

q = KUB XXIX 25 (+) 28 (+) 29 + 30 (+) 32 (+) 35 + 36 (+) 38 aheth. "Orig."
O = KUB XXIX 21 + 22 + 23 (+) 26 + 27 (+) 34 + 37 gute Abschrift
a = KBo VI 10 + 20 jheth. Zeit
b = KBo VI 11 jheth. Zeit
d = KBo VI 13 "
e = KBo VI 14 + 18 "
f = KBo VI 15 "
j = KBo VI 26 (Haupttext) jheth. Zeit
m = KUB XIII 16 jheth. Zeit

HG I § 9 A I 13' (B I 21, § VIII I 20') : II 1b, 21
15' (B I 23)
§ 11 20' (B I 29, C I 10', § X I 27'); II 1b, 22
§ 12 A I 22' (B I 31, § XI I 30') : II 1b, 16
§ 13 A I 24' (B I 33, C I 12', § XII I 33')
: II 1b, 23
§ 15 B I 37 (C I 16', § XIV I 37') : II 1b, 24
§ 17 B I 40 (C I 20', § XVI I 40') : II 1b, 39
§ 18 B I 43 (C I 23', § XVII I 42') : II 1b, 17
§ 21 A I 45'' (B I 53) : II 1c, 3
§ 24 A I 55'' (B I 64 f.) : II 1a, 25
: VII, 7
: S. 6

	§ 96	A IV 49'' (B IV 48)	: V, 1
		B IV 48 (A IV 49'')	: IV, 36
	§ 97	A IV 51'' (B IV 50)	: V, 1
		B IV 50	: IV, 36
	§ 99	A IV 57'' (B IV 56, KBo XIX 4 IV 3')	: II 1b, 15
	§ XXV II 25'		: IV, 35
	§ XXXIXa IV 28		: IV, 15
HG II	§ 112	b I 21'	: II 1a, 47
	§ 119	e I 6' (KUB XXIX 36 (8) Vs.7')	: IV, 4
	§ 126	a II 15' (K(B XXIX 26 + 27 [0] 12')	: VII, 8
	§ 146	KUB XXIX 29 + 30 (q) II 10' (a III 20')	: I, 6
	§ 151	q II 24', 25'	: VII, 3
	§ 157	q II 28', 29' (j I 1, 2 f.)	: VII, 5
		28', 29', 30' (j I 1 f., 3 f., 5):	: VII, 3
		30' (j I 4)	: VII, 4
	§ 158	q II 33' (j I 8 f.)	: VII, 3
		q II 34' (j I 10)	: VII, 3
	§ 160	q II 36' (j I 13)	: VII, 6
		37' (j I 14 f.)	: VII, 5
	§ 161	q II 38' (j I 16)	: VII, 5
	§ 162	j I 21 (f 8')	: II 3
	§ 163	j I 22	: II 2, 4
	§ 168	d I 1 (b IV 1', j I 46)	: IV, 16
	§ 176	j II 21	: V, 7
	§ 178 - 185		: X, 3
	§ 185	j III 15	: II 1b, 12
	§ 186	j III 16, 17	: II 1b, 12
		16 - 19	: S. 67
	§ 187	j III 21	: II 1a, 28
	§ 192	j III 37	: II 1b, 19
	§ 197	j IV 6	: II 1a, 26
		7	: II 1a, 42
	§ 200	b j IV 29 f. (m 3')	: I, 3

StBoT 8 = 1. a. KBo XVII 1 + XXV 3
aheth. "Orig." b. KBo XVII 3 + 4 + XX 15 + KUB XLIII 32 + 39
c. KBo XVII 2

KBo III 34	I 7	: VIII, 2
	16 f.	: II 1d, 5
		: S. 18[3]
	17 f.	: S. 35
	II 34	: S. 86[10]
	III 17'	: X, 5
35	14'	: S. 50[5]
38	Vs. 10'	: II 1c, 6
	16'	: III, 6
40	8'	: IV, 20
41 + KUB XXXI 4	Vs. 6'	: II 2, 5
		: S. 37 f.[12]
46 + KUB XXVI 75	Vs. 34', 38'	: III, 7
	39'	: II, 1c, 2
	42',53'	: IV, 18
53 + XIX 90	Vs. 8'	: III, 7
54	6'	: IV, 18
57 II?	7'f.	: S. 33
60 III	5'	: II 1d, 3
	7'	: II 1d, 6
KBo IV (9) II	51	: VIII, 6
KBo V (2) I	20	: S. 81
KBo VI 2 ff.	s. HG	
KBo VII 14 + KUB XXXVI 100 aheth."Orig."		
	Vs. 10 f.	: II 1a, 61
	Vs. 12	: II 1c, 8
	Rs. 10'	: III, 1
KBo IX 73 (+) KUB XXXVI 106 aheth "Orig."		
	Rs. 5	: IV, 41
KBo X (28+33)	V 3-5	: S. 81
(31)	II 7', IV 9'	: VII, 1
KBo XI (36)	III 7'	: S. 80[8]
	17', IV 4	: VII, 2
KBo XII 3	III 14'	: VI, 15
18	IV 5', 8', 12'	: IV, 17
22	I 9	: II 2, 5
63	Rs. 6', 9'	: IV, 13

KBo XVII 13 + Rs. 17	: II 1a, 16
	: IV, 33
14 + s. KBo XVI 71 +	
15 = StBoT 25 Nr. 27	
Vs.[!] 4' - 6'	: II 1b, 13
11'	: $18^{\underline{3}}$
Rs.[!] 3'	: II 1a, 10
12'	: IV, 31
	: VI, 25
13'	: II 1a, 13
14'	: VI, 5
17 = StBoT 25 Nr. 9	
IV[?] 6' (erg.)	: IX, 3
21 + 46 + XX 33 + XXV 19 = StBoT 25 Nr. 19	
Vs. 16	: V, 4
22 = StBoT 25 Nr. 124	
III 9'	: II 1b, 7
10'f.	; II 1b, 4
25 = StBoT 25 Nr. 138	
Rs.[?] 8'	: VI, 19
9'	: VI, 22
29 + XX 1 = StBoT 25 Nr. 75	
II 5'	: II 1c, 7
IV 2	: X, 6
31 = StBoT 25 Nr. 50	
6'	: VII, 1
35 = StBoT 25 Nr. 134	
Rs.[?] III 2'	: II 1a, 14
36 + XX 17 + 20 + XXV 54 + ABoT 35 = StBoT 25 Nr. 54	
IV 5'	: VI, 4
(42 + KUB LVI 46) II 31'	: VII, 1
VI 22'f.	: VII, 2
VI 24'	: II 1a, 10
43 = StBoT 25 Nr. 43	
I 14'	: II 1b, 9
74 + s. StBoT 12	
KBo XVIII 151 Vs. 3, 6	: II 1b, 30
5	: IV, 8

KUB	XXXIV	(71)	I 4'	: VI, 6
KUB	XXXV	164 +	s. KBo XXV 139 +	
KUB	XXXVI	100 + aheth."Orig."	s. KBo VII 14 +	
		104 aheth."Orig."	Vs. 5'	: VIII, 2
		106 (+) aheth."Orig."	s. KBo IX 73 (+)	
		108 aheth."Orig."	Vs. 2	: IV, 24
			Vs. 4, 5	: II 3
		110	= StBoT 25 Nr. 140	
			Rs. 5'	: II 1b, 8
			Rs. 6'	: VI, 18
KUB	XXXVI	110	Rs. 13'	: II 1b, 6
			Rs. 13' - 15'	: I, 11
		(127)	Rs. 16'	: S. 62
KUB	XL	65 +	s. HAB	
KUB	XLI	23	II 15'	: II 1a, 43
			II 18', 20', 23'	: IX, 3
			II 20'f., 23'f.	: II 1b, 44
		(52 +)	s. KUB XI (29 +)	
KUB	XLIII	26 +	s. KBo XVII 11 +	
		28	= StBoT 25 Nr. 77	
			Rs.? III 8'	: VI, 16
		(29)	II 8	: VI, 24
		30	= StBoT 25 Nr. 30	
			II 8'	: VIII, 1
			II 12'	: VIII, 6
			III 17'	: S. 36
			III 19'f.	: VIII, 3
		32 + 39 +	s. StBoT 8	
		(53)	I 16'	: IX, 3
		(60)	I 21	: II 1c, 1
				: S. 31[6]
			IV 6'	: VI, 17
KUB	LV	(2)	Rs. 4	: VI, 13
				: S. 3[3]
		(39)	Vs. I 6'f.	: VIII, 3

- - - - - - -